スタートアップ的人生《キャリア》戦略

THE STARTUP OF YOU
(Revised and Updated)
Adapt, Take Risks, Grow Your Network,
and Transform Your Career

著
リード・ホフマン
リンクトイン共同創業者
ベン・カスノーカ

NEWS PICKS
PUBLISHING

THE STARTUP OF YOU (Revised and Updated):
Adapt, Take Risks, Grow Your Network, and Transform Your Career
by Reid Hoffman and Ben Casnocha

This edition published by arrangement with Currency,
an imprint of Random House, a division of Penguin Random House LLC,
through Japan UNI Agency, Inc., Tokyo

僕に知恵を授けようとしてくれた父と母に。
そして、くる日もくる日も思いやりを教えようとしてくれているミシェルに。

——リード・G・ホフマン

Think Differentを身をもって体現しようという気にさせてくれたマック・ドクターに。

——ベン・T・カスノーカ

スタートアップ的人生《キャリア》戦略　目次

第2章 「変化への適応」はプランニングできる

第3章 強いつながり、弱いつながり

第4章 偶然《セレンディピティ》の幸運を戦略的に引き寄せる

第5章 リスクに気づかずいたら、リスクのほうがあなたを探し当てる

第6章 他人の頭脳を拝借する

はじめに

人はみな起業家

人はみな起業家である。洞窟《どうくつ》生活をしていた時代には、自分で食べ物を見つけて飢えをしのいでいたのだから、言うなら全員が自営業だったわけだ。人類の歴史はそこから始まった。文明が発展するにつれて、このような暮らしは失われていった。私たちは「労働者」になった。この呼称をあてがわれたからだ。そして、自分たちが起業家であることを忘れてしまった。

マイクロファイナンスのパイオニア、
ノーベル賞受賞者

ムハマド・ユヌス

私たちはみな、起業家《アントレプレナー》として生まれついている。[1] といっても、会社を興《おこ》すために生まれてきたという意味ではない。それどころか、たいていの人は会社など興すべきではない。起業とは、成功の見込みが小さいうえに、気苦労が絶えないジェットコースターに乗るようなものだからだ。

なぜ誰もが起業家なのかというと、人はみな「自分自身の運命の手綱は自分で握りたい」、そして「常に創造的《クリエイティブ》でありたい」という思いがDNA（遺伝子）に組み込まれているからだ。創造《クリエイティビティ》こそ、起業家精神のエッセンスなのである。

章の初めに紹介したユヌスの言葉にもあるように、洞窟暮らしをしていた私たちの祖先は、自分で食べ物を見つけなくてはならなかった。仲間と生きていくためのルールを決めなくてはならなかった。自分の人生を創業していたのだ。

ところが、何千年も経つうちに、私たちは起業家としての生来の自覚を失い、雇われ人として振る舞うことにすっかり慣れてしまった。これでは、素晴らしい人生《キャリア》は築けない。

あなたは、成長の最中にある新興ベンチャー企業を少なくとも1つ舵取りしている。そう、「自分のキャリア」というスタートアップを。

仕事をしていくうえで常にぶつかる難題にうまく対処し、自分のキャリアの手綱を握るには、自分の内にある起業家としての本能を再発見して、新しい世渡りの道を切り拓かなくてはいけない。

医師、会社員、教員、エンジニア、ウーバーの運転手、そして企業のオーナーでさえも、この時代には起業家としての自覚を持つ必要がある。この先のページでは、そのための手助けをしていきたい。

本書の初版を刊行した２０１２年、「キャリアはスタートアップ企業のように自分で切り拓いていくべきだ」というわれわれの考え方は、時の試練に耐えうるだろうと私は自信を持っていた。だが、この10年でこの考え方が「よりいっそう重要に」なるとは十分に予想できていなかった。

この文章を書いている２０２２年、私たちは、今を生きるプロフェッショナルなビジネスパーソンにとっての「素晴らしい新世界」に突入した。働く場所、コミュニケーションの方法、文化的変化、政治の混乱、世界的なパンデミックなど、大きな変化が起こった。この改訂版は、そうした最近の動向に対応する内容になっている。

この本は職探しのマニュアルではない。履歴書の体裁をどう整えるか、面接にどう備えるかといったヒントやコツは見つからないだろう。むしろ、これからの時代に適応《アダプト》していくのに欠かせない、スタートアップ的な発想や戦略を紹介している。

ページをめくっていくと、人とのつながりを深め、自分の強みを身につけ、よりよい仕事の機会を得るための戦略に出会えるはずだ。

これまでの道のり

20世紀後半のアメリカや先進経済国では、ある程度の教育を受けた働き手にはトントン拍子のキャリアが用意されていた。[2]

大学を卒業した後、若者はIBM、GE（ゼネラル・エレクトリック）、ゴールドマン・サックスなどに入社し、昇進の階段の1番下から社会人としてのキャリアを歩み始めていた。会社では大切に育てられて助言をもらえる他、研修や専門性向上の機会を与えられた。経験を積むにつれて組織の階段を上り、若くて野心に満ちた新卒者に末席を明け渡す。大きな失敗でもしないかぎり、エスカレーター式に着実に昇進し、そのたびに権限、収入、仕事の安定性などが増していく。

やがて65歳くらいになるとエスカレーターを降りて、高い地位を中堅社員に譲る。退職後のあなたを待つのは、企業年金や公的年金をもらいながらの快適な暮らしである。

「何もしなくてもこうした人生を送れる」と必ずしも考えられていたわけではない。しかし、そこそこの能力があって、大きな努力をし、不運に見舞われなければ、強い追い風に乗るように「いずれは満足のいく立派な地位までたどり着ける」という共通認識があった。

そしてたいていはこの期待どおりになった。起業家である必要はなかった。ただ出勤し、期待に応えればよかった。

この本の初版を出版した2012年にはすでに、ジャーナリストのロナルド・ブラウンシュタインが呼ぶところの「キャリアのエスカレーター」は、至るところでつっかえていた。[3] 若手の多くは、たとえ最高水準の教育を受けても、組織の底辺にとどまったり、能力を活かしきれない職に甘んじたり、失業の憂き目に遭ったりしていた。あるいは、野心や才能とは一致しない袋小路の地位で行き詰まっていた。

他方、60代、70代の男女は、ずっと働き続けるか、もう一度仕事に就く人が記録的な高水準に達していた。[4] 年金が大きく目減りしたうえ、社会保障もスイスチーズのように穴だらけなためだ。このあおりでミドル世代は、昇進の可能性を奪われた状態でくすぶっていた。さらに悪いパターンでは、もっと有能な人材を処遇するために勤め先から押し出されていた。

初版発売から10年経ったいまでも、この状況は変わらず真実である。それどころか、事態はかつてないほど深刻だ。若者はエスカレーターになかなか乗れず、ミドル世代は容易に上へと進めず、60歳以上の人々は仕事を辞めるに辞められない。

キャリアパスはもはやエスカレーターではなくなってしまった。むしろジャングルだ。誰もが落ちないように必死で木をよじ登っている。

キャリアをめぐる従来の前提が崩れている背景には、2つの大きな潮流がある。「世界的なテクノロジー革命」と「終身雇用の崩壊」だ。

テクノロジーの進歩を受けて、かつては苦労して知識やスキルを身につける必要のあった仕事が自動化されている。株式仲買人や放射線科医など高報酬のホワイトカラーも例外ではない。[5]このような特定の仕事の淘汰は、すでに各業界を席巻しつつあるＡＩ（人工知能）の進歩によって、さらに進んでいくだろう。

テクノロジーは新しい職種も生むが、たいていは失業数を埋め合わせるほどではない。そして新しい職種は一般的に、以前の職種とは違った、より高度なスキルを必要とする。[6]

仮に多くの業界で求められるスキルが用済みにならなかったとしても、企業は海外への外注が容易になる。働き手は世界中の大勢（たいてい賃金がより安いフリーランス）と仕事を奪い合うことになり、そうこうするうちにあなたの給料は下がっていく。

人材市場は、後戻りの利かない変化にさらされている。

もう1つの大きな変化は、勤め先と働き手とのあいだにあった長期の決めごとが崩壊したことだ。かつては会社に生涯の忠誠を尽くすことと引き換えに、人材育成と終身雇用が保障されていた。しかし従来のキャリアパスが崩れると、前の世代が受けたような人材育成もなくなる。もはや、会社に経費を出してもらってコミュニケーション術を磨いたり、専門スキルを身につけたりするわけにはいかなくなった。

若手や平社員でさえも、即戦力になるか、すぐに仕事を覚えて数週間で一人前になることが期待されている。[7] 現在必要な能力を高めるにせよ、新しいスキルを身につけるにせよ、いまではそのための訓練や投資は自分の責任なのだ。

会社は人材への投資を渋っている。理由の1つは、生涯に何度も転職する人が増えて、同じ会社に長く人生《キャリア》を捧げる割合が低くなっていることである。『ALLIANCE　アライアンス——

人と企業が信頼で結ばれる新しい雇用』（ダイヤモンド社）に書いたように、かつての終身雇用に代わって成果主義に基づく短期契約や委託契約が広まり、双方の意思でいつでも契約が打ち切られる可能性がある。

『モチベーション3・0』（講談社）、『フリーエージェント社会の到来』（ダイヤモンド社）などの著者ダニエル・ピンクは、働き手の忠誠は上司への「タテ方向」ではなく、自分の人脈への「ヨコ方向」に働くと主張している。アメリカやその仲間の国々の大部分は、彼の有名な言葉を借りれば、雇われずに生きる「フリーエージェント国家」になったのだ。

私たちはいまや、自由に働く先を選ぶ「フリーエージェント」の世界を生きている。

仕事に対してこれまで抱いていた考えは捨てよう。新しい時代の始まりだ。ルールは変わった。

なぜ「スタートアップ」の発想を取り入れるのか

変化には、チャンスと難題の両方がつきものである。

いま求められるのはスタートアップ的な発想と具体的なスキルだ。総勢10人の会社、巨大な多国籍企業、NPO（非営利組織）、政府機関、あるいは自分で会社を経営していたり、コンサルタントやフリーランスとして複数の仕事を掛け持ちしていたり……。

　どんなスタイルで仕事をしていても、新しい機会をつかみ、今日のような一筋縄ではいかない仕事環境で難題に対処しようとするなら、「自分のキャリア」をスタートアップと同じように舵取りしているつもりで発想し、行動する必要がある。


なぜスタートアップなのか。

　スタートアップはそもそも新興企業や起業を意味する。会社を興《おこ》すときは、情報が乏しくヒト・モノ・カネの足りない状態で、時間に追われながら判断を下す。何の保証も安全網もないから、それなりのリスクをとることになる。競争相手と市場のどちらも変化しており、企業の寿命は決して長くはない。

　大変すぎると思っただろうか？　だが、起業家が会社を興して成長させようとするときの環境条件は、私たちみんながキャリアを築こうとするときの条件と同じである。

　一瞬先に何が起きるかわからない。限られた情報。熾烈な競争。不確実性やリスクからは逃れられない。しかも、1つの仕事に費やす時間は短くなってきている。つまり、絶えず適応を繰り返す必要があるのだ。もし適応できずに振り落とされても、誰も――勤務先も、政府も

――あなたを抱き止めてはくれないだろう。人間関係をうまく築いていたなら、あなたの周りの人たちは受け止めてくれるかもしれないが……。

スタートアップの創業者や起業家は、日々このような不確実性や制約と真正面から向き合っている。

簡単ではない。テスラやスペースXの創業者イーロン・マスクの言葉を借りれば、起業家は「ガラスを食べ、深淵を覗《のぞ》く」必要がある。不可能なことや怖気づくことも、やってみなければならない。

スタートアップの創業者たちは、大躍進のチャンスを積極的に探したり、生み出したりする。当然チャンスには相応のリスクを伴うが、そうしたリスクに機敏に対処する。難しい決断を舵取りするためのビジネス上の知恵や情報を、人脈を活かして探り出す。

自分のキャリアを舵取りするために、ここで挙げたようなスタートアップの戦略をあなたも取り入れる必要がある。

ベンチャー・キャピタルから支援を受けるようなスタートアップをシリコンバレーに興す必要はない。世界征服の野望もなくてもいい。

ただ、少なくとも何らかの野心は抱いておいてほしい。この本を読むようなやる気に満ちた人は、世の中に提供できる価値をきっと持っていると思う。その価値の伸びしろは未知数だ。自分の持つ資産や大志、市場環境を見極めて、競争するうえでの強みを築こう。融通が利いてやり直しのきくプランを立てる。業界全体に、たとえ会社がなくなったとしても残るような人脈を張りめぐらす。

社内で上を目指す、小さなビジネスを興す、まったく未知の業界に飛び込む……あなたがどういったかたちでキャリア上の成功を望むにせよ、起業家のように考え行動すればその成功がつかみ取れる。

これらの戦略は、あなたの年齢にかかわらず役に立つ。新卒でも（あるいは、大学を卒業していなくても）、社会人10年目で次の大きな波に乗ろうとしていても、社会人生活の後半にまったく新しいキャリアを手に入れようとしていても、何をおいてもまず必要なものだ。

企業はどれだけ巨大になっても、革新性を失わないために小回りを利かせる。スティーブ・ジョブズはアップルを「地球上で最大のスタートアップ」と呼んだ。あなたは今いる場所であぐらをかいていないだろうか？　あなた自身も永遠のスタートアップである必要があるのだ。

なぜ私たちが書くのか?

私リード・ホフマンは2003年にリンクトインを共同創業した。ミッションは、世界中のプロフェッショナル同士をつなぎ、彼らがより実り多い仕事をして成功できるよう、お手伝いをすること。

リンクトインの会員数は8億人を突破し、私は創業から20年を経るまでに、あらゆる業界のプロフェッショナルが自分の人生《キャリア》をどう舵取りしているかについて、とても多くを学んできた。どんな方法で職探しや情報交換を行い、オンライン上でどう身元や個性を表現するのか。信頼できる仕事上の連絡相手とどうつながるのか。

たとえば私や同僚は、リンクトインに集うプロフェッショナルたちの活動についての巨大なデータセットをとおして、どんなスキルを持った人材が最も引く手あまたなのか、業界トレンドはどうなっているか、大きな機会につながるキャリアパスとは、といった事柄を知った。成功するキャリアの手法とダメな手法、うまくいく戦術とつまずく戦術をつかんだ。

またこの間、もう1つの関心対象である投資に関して、言葉にならないほど素晴らしいことに気づき始めた。私はベンチャー・キャピタリストとして、これまでに100社以上のスタートアップに投資している。この投資活動をとおして、尊敬すべき起業家たちの事業拡大を後押しする機会に恵まれた。

ジンガのマーク・ピンカスとは、ソーシャルゲームの戦略をめぐってブレインストーミングをした。Airbnbのブライアン・チェスキーとともに働き、彼がシェアリング・エコノミーを一変させるのを目の当たりにした。また、自動運転車の実現に取り組む、オーロラのクリス・アームソンともチームを組んだ。これら多様な経験からは、起業が成功するパターンと失敗するパターンを見分ける目が養われた。

リンクトインの会員がより大きなチャンスを手にできるよう力添えする一方、他の投資先企業の成長を後押しするという2つの仕事をとおして、私はある気づきを得た。

飛ぶ鳥を落とす勢いのスタートアップが採用する事業戦略と、順風満帆の人生《キャリア》を送る個人のキャリア戦略は、驚くほど似通っているということだ。つまり、会社を順調に成長させる原則は、素晴らしいキャリアを築く秘訣とそれほど変わらない。会社で言えば製品、事業能力、顧客基盤を迅速に展開することは、キャリア構築においてはスキル、人脈、市場とのつながりを素早く育てることと変わらないのである。

こう気づいてからは、シリコンバレーでの幸運な30年間に学んだことすべてを戦略フレームワークに落とし込んだ。そしてそれを「人は誰でも小さな会社のようなものだ」という考えに当てはめてきた。

自分のキャリアについてもまったく同じように考えている。スタートアップになぞらえているのだ。

2008年、共著者のベン・カスノーカ（以下ベン）と初めて会ったとき、彼はキャリア上の岐路に差しかかっていた。今後もテクノロジー企業を立ち上げるのか（すでに数社の起業実績があった）、著述活動を重ねていくのか（起業についての著書を上梓していた）、それともこれらを組み合わせるのか。

20代のときには、次のような問いを抱えていたという。

どれくらい先のことまで計画しておくべきだろう？　キャリア上どんなリスクを取るべきなのだろう？　どうすれば、色々と試行錯誤をしてしかも専門性を身につけられるだろう？

続くベンの言葉に私は共感した。

「次に手がけるのが起業ではなかったとしても、キャリアをめぐるこれら大切な問いに、起業家と同じ気持ちで向き合うつもりだ」と彼は言ったのだ。

この初対面に先立つ数ヶ月間、ベンは数十ヶ国を訪れて何千人もの学生、起業家、ジャーナリスト、ビジネスパーソンと会っていた。中米の地域大学で学ぶ若者。インドネシアでささやかなビジネスを営む人。コロンビアの政府高官。ベンは実にさまざまな国や地域で自分の経験を語る一方、現地の才能ある人々がどんな大志を抱き、どんな心構えでいるのかを観察し、学んだ。そして、素敵な現実に目覚めたという。広い意味でのスタートアップの精神は至るところにみなぎっていたのだ。シリコンバレーから何千マイルも離れた地に暮らす、必ずしも会社を興すわけではない人々の心にも。

たとえ自分たちを起業家とは見ていなくても、こうした人々の生き方はシリコンバレーの流儀と見事なまでに重なり合うようだった。自立している、機知に富む、大志を抱いている、適応力が高い、仲間と結びついている、といった持ち味があるのだ。

ベンはこれらの経験をもとに、私と同じ結論に独自にたどり着いた。――スタートアップの精神とはビジネスに限ったものではなく、生き方の問題だ。そしてそれはアメリカに特有なのではなく、世界共通なのだ。

しかも、私たち2人の20年におよぶ経験が証明しているように、スタートアップの精神は人生の一時期だけでなく、生涯の友なのである。

先の見えない時代

20世紀後半、トム・ウルフが1987年刊行の小説『虚栄の篝火』(文藝春秋)で描いたように、株式仲買人は「宇宙の支配者」だった。堂々とセールストークをし、商売のコツを身につけていれば、人々を説得して株を売買し、手数料をがっぽり稼げた。

同じようなキャリアを歩みたいかは別として、彼らが世界の頂点に立っていたことは認めざるをえない。そして、彼らの未来は、その高収入と同じように保障されていると思われた。何世紀ものあいだ、何らかのかたちで株式仲買人は存在していた。投資するお金を人々が持っているかぎり、あいだに立って代わりに投資を手がけてくれる人が必要だった。株式仲買人は、その仕事自体が、いい投資だったのだ。

だが、すべて崩壊してしまった。人々に必要とされてきた仕事がほんの数十年でなくなってしまったのだ。証券取引委員会の規制が変更され、革命的なオンラインの投資プラットフォームが登場したおかげで、いまでは株式仲買人はキャリアプランから姿を消してしまったも同然だ。

文化は変わり、新たなテクノロジーが現れる。人々のニーズが変化すれば、市場は反応する。それに合わせて適応することを学ばなければならない。さもなくば、株式仲買人や、牛乳配達人やボウリングのピンを立てる人（そんな仕事も昔はあった）などの絶滅した職業や、旅行代理店のように消滅の危機に瀕している職業と同じ運命を辿るリスクがある。

変化の嵐が襲ってきているときに、そうした仕事には就いていたくないだろう。慢心した考え方では、株式仲買人だけでなく失敗した数多のスタートアップのようになる危険性がある。

歴史的に見て、みるみる衰退した産業や企業は数え切れない。かつてのデトロイトの自動車産業は、いまのシリコンバレーのように、イノベーションを数多く生み出していた。[8] だが1世紀のあいだに、自動車業界のリーダーたちは慢心し、ぬるま湯に浸ってしまった。起業家のような力強さを失ったのだ。そして2009年、連邦政府は経営難に陥ったGM（ゼネラルモーターズ）とクライスラーを救済し、フォードの信用枠を拡大する措置に出ざるをえなくなった。

これは何も特別な事例ではない。過去と比べても、一時期は隆盛を誇った企業が転落する頻度とスピードはどちらも増している。

そして、救いの手が差し伸べられることはほとんどない。没落しつつある企業は競争相手に取って食われるだけである。

1920年代と30年代には、S&P500株価指数の構成銘柄は、平均すると65年間その地位を守った。ところが2000年を間近に控えた頃には、わずか10年にまで縮まっていた。そして2012年には、大企業が業界リーダーの地位を失う確率は、1965年と比べて40%近くも上昇した。[9] そこで疑問が生まれる。なぜ、多くの勝者が敗者へと転落してしまうのか？

事例ごとに違いはあるが、おおもとの原因を挙げればいくつかある。成功に酔って思い上がった。競争相手に気づいたり対抗したりすることができなかった。危険を小さくする機会を活かそうとしなかった。容赦ない変化に適応できなかった、などである。

しかも今日では、企業や個人は、予想外の衝撃に見舞われることがますます多くなっている。世界は、これまで想像もできなかったようなことが何度も何度も起こるような、「先の見えない時代」とでも呼ぶべき時代に突入した。

ここ10年にあった未曾有の混乱を振り返ってみよう。病気の世界的大流行《パンデミック》。トランプ政権やブレグジット、紛争などの政治的な激変。中国の台頭のような地政学の変化。山火事、洪水、干ばつなどの環境危機……。私たちの適応力と回復力《レジリエンス》を試す、こうした難題は、もはや異常事態ではない。これが常態となった。新たな日常、ニュー・ノーマルなのだ。

「ブラック・スワン」はナシーム・ニコラス・タレブが生み出した言葉だ。「最悪の影響をもたらす可能性がある、ランダムで予測できない出来事」を意味する。

パンデミック対策を担う少人数の専門家グループにとっては違ったかもしれないが、新型コロナウイルスの大流行は、究極の「ブラック・スワン」だった。これほど壊滅的な事態になると予想できた人はほとんどいなかった。流行初期の2020年1月から2月、警戒の兆候が現れても、主要メディアのほとんどは、新型コロナウイルスを新手の風邪程度にしか捉えていなかった。そして、同年3月から4月、あの2ヶ月間は誰にとっても衝撃だっただろう。

大勢の客で賑わっていた世界中の飲食店、映画館、ショッピングモールが存続の危機に陥った。その結果、何百万という人々の仕事が、突如蒸発してしまった。

新たな「ブラック・スワン」の到来は避けられない。地域的・世界的な流動性と競争の力は、優勢だった企業を失墜させる。こういったことを考えれば、私たちみんなの前に迫っている難題を理解してもらえると思う。

どの都市に住んでいようと、どの企業や業界で働いていようと、どのような職種だろうと、あなたの人生《キャリア》は、いままさに、株式仲買人、アメリカ自動車産業、牛乳配達人——柔軟さを失い、適応できなかったあらゆる業種や職種——と同じ道を辿っているかもしれないからだ。

かつて栄華を誇った仕事や産業を転落へと導いた変化の力は、職種にかかわらず、私たちみんなの人生《キャリア》を台無しにしかねない（ときには世界経済の活動までをもダメにしてしまう。たとえいまは大丈夫だと思えたとしても）。


あらゆる逆境で求められるのは、最大限立ち直る力を持つことだ。

この「先の見えない時代」に、キャリア設計が悪夢のような変化に見舞われてもなお、たくましく生き残ることができるプロフェッショナルがいる。彼らはあっという間に変わる市場環境に適応し、自分の意志をもう一度確認し、人とのつながりを活用しながら、自ら独創的に新しい機会を生み出している。

新型コロナウイルスのパンデミックのあいだにも、こうした行動があった。マスクやオンライン授業など、一変した消費者の需要に応じて、新たな生計を立てる人々がいた。こうした人々は、起業家的な直感を頼りに、衝撃と不確実性に対応したのだ。

今後も不安定な変化は避けられない。となれば、21世紀のキャリア戦略として当たり前になりつつある潮流が、古典的なリスクヘッジである「分散」を含むのは、意外ではないだろう。

「ポートフォリオ・キャリア」の隆盛

世界中で、個人がいくつか仕事を掛け持ち、複数の収入源から稼ぎを得るというキャリアの細分化が進んだ。この現象は一般的には「ギグ・エコノミー」と呼ばれている。一時的な仕事を自分の意思で選んだり、辞めたりできるフレキシブルな働き方だ。

ギグ・エコノミーという呼び方は、キャリアの新しいトレンドを部分的には捉えているけれども、プロフェッショナルとして自分の人生《キャリア》を開拓し、カスタマイズし、実験している人々の多様性を完全には表せていない。

タイプを分類してみよう。まずはギグワーカー。ウーバーの運転手など、ネット上のプラットフォームを使って単発の仕事《ギグワーク》を請け負う人たちだ。たいていはそれほど高スキルでない仕事をし、収入もとりわけいいとは言えない。

次に、個人事業主。このタイプを「個人起業家《ソロプレナー》」と呼ぶ人もいる。

フリーランスや業務委託で仕事を請け負うコンサルタントやウェブデザイナーなどのことだ。一般に専門性の高いスキルを持っていて、高収入を得ることもできる。クライアントは仕事ごとに常に変わっていく。

そして副業家。本業のかたわら、副収入を稼いだり、プロジェクトに打ち込んだりする人々だ。オーダーメードの服を手作りし、Ｅｔｓｙ《エッツィー》で販売するなどもこのタイプだ。

最後に忘れてはならないのが、「インフルエンサー」や「クリエイター」と呼ばれる人々だ。クリエイター・エコノミーは、多様な才能を持ち、さまざまなデジタル・プラットフォームでコンテンツを制作する創造的な人々で成り立っている。こうしたクリエイターには、インスタグラムで活動するアーティスト、パトレオンで支援を受けているイラストレーター、ツイッチで配信をするゲーム配信者、ユーチューブで人気を集めるメイクアップのカリスマ、さまざまなプラットフォームでレシピや料理のスキルを教える料理人などが含まれる。

ネット上で成功を収めているクリエイターは、ソーシャルメディアの使い方を熟知しており、広告収入、商品開発でのコラボレーション、サブスクリプションなどで利益を上げている。

クリエイター・エコノミーに参入するハードルはほぼ存在しないようなものだ。ユーチューブにログインして動画を投稿すれば、おめでとう、あなたもクリエイターの仲間入りだ。

もちろんその反面、成功を手にするハードルはものすごく高い。

クリエイターの世界は1秒ごとに飽和状態になっている。だから、多くのクリエイターは金銭的な余裕を得るために、単発の仕事《ギグワーク》を掛け持っていることが多い。

しかし、クリエイター・エコノミーの肝《きも》は、ソーシャルメディアをとおして、山火事のごとく口コミで広まるという可能性だ。時代の流れをつかむことができれば、なんだって起こりえる。そして天性の感覚を持つ人は、その方法を心得ている。

ライフスタイルのインフルエンサー、ネット上で話題の株に投資する副業家、ブランド戦略家など、たくましい個人主義者は、同時に複数のチームで働くことも当たり前だ。ときには、同時に異なる業種をこなすことまである。

この本では、こうした新しいかたちで、機敏に複数の仕事や収入源を寄せ集めるタイプをひっくるめて、「ポートフォリオ・キャリア」と呼ぼうと思う。投資家のように、リスクと機会を分けて、分散型のポートフォリオを持っているからだ。

ポートフォリオ・キャリアの発展にはさまざまな要因があるが、主な原動力は、テクノロジーの進歩だ。数多くのイノベーションの中でも、ソーシャルネットワーク、リモートワーク、オンライン市場、クラウド・コンピューティングなどの影響が大きい。

では、何がこうしたテクノロジーを創造したのか？
それは、これから伝授するスタートアップの精神そのものだ。

シリコンバレー流「永遠のベータ版」という発想

シリコンバレーは完璧とは程遠い。けれどもやはり、キャリアを真剣に考えて、世の中のためになることをしたいと思う人には、シリコンバレー流の起業家精神が非常に重要だ。

シリコンバレーは、過去数十年間に何世代もの起業家精神あふれる企業を輩出してきた。1939年設立のHP（ヒューレット・パッカード）。これに続くインテル、アップル、アドビ、ジェネンテック、オラクル、ピクサー、シスコ。さらにはグーグル、イーベイ、ヤフー、セールスフォース。もっと最近ではペイパル、フェイスブック、ユーチューブ、ツイッター、そしてコインベース。

シリコンバレーは起業の魔力を失わずにいるばかりか、10年ごとにその威力を増してきた。この地では、テック業界の何十もの企業が、重要なイノベーションを生み出し、経済成長の大部分と現代社会の姿を形づくってきた。

この本に書いてあるのは、あなたがシリコンバレー流を身につけるための方法だ。

まずは考え方から始めよう。

アマゾンの創業者兼ＣＥＯジェフ・ベゾスは、１９９７年の初年以来ずっと、株主への手紙のしめくくりに、インターネットとアマゾンにとってはいまだに「今日が初日」だと書き続けている。

「先は明るいと思っていますが、油断せずに緊迫感を保たなくてはなりません」[10]と。

つまり、アマゾンにとっては毎日が「初日」で決してゴールを切ることはないのだ。

起業家にとって、「完成した」は禁句である。偉大なる企業は進化を怠らないことを心得ている。

同様に、誰もが「完成した」を禁句にすべきだろう。私たちはみんな、いわば未完成品なのだ。常に学び、行動し、人間としての幅を広げ、成長するための機会にめぐり合う。自分の人生《キャリア》を「永遠のベータ版」と位置づけておくこと。これが重要だ。

テクノロジー企業は、ソフトウェアを正式に発売した後もしばらく「ベータ版」というラベルを貼ったままにして、「この商品はまだ完成していないため、次回のアップデート待ちです」と顧客にアピールしている。グーグルのＧメールは、利用者数が数百万にも達した後もなお、サービス開始から5年後まで公式にはベータ版のままだった。

これを人生《キャリア》に当てはめると、自分には欠点があり、自力でさらなる向上を目指す余地があり、適応や進化が求められていると意識せざるをえない。

それでもこの発想は希望にあふれている。なぜなら、あなたには常に成長する余白があるという事実を思い出させてくれるからだ。

同じ発想を異なる視点から述べている人もいる。キャロル・ドゥウェックは、「硬直マインドセット」よりも「成長マインドセット」のほうが力に満ちていることを一般に広めた。リズ・ワイズマンは、考え方が固定化しがちな「すべてわかっている」という姿勢と、より柔軟な「すべてを学ぶ」姿勢を対比させている。

あなたが世界で成し遂げていないことを述べるときに、「いいいい、いまはまだ」という言葉をつければマインドセットの変化ができるのではないかと指摘する人もいる。「人生《キャリア》では大きなリスクをとったことがない……いまはまだ」「生命科学や生物学のことはあまり知らない……いまはまだ」という具合に。

この「いまはまだ未完成」という発想を力にすることが、「永遠のベータ版」であり続けることなのだ。

なかなかいいことを言うと思っただろうか？　けれど、それを実行するのは簡単ではない。多くの人にとって「永遠のベータ版」という意識は自然に身につくものではないだろう。最も抵抗が少ない道は、成長ではなく安定だ。多くのプロフェッショナルがこの安全な道を歩む。たとえば、誰かに「あなたは業界で何年の実務経験がありますか？」と訊かれたら、どう答えるだろう？

カリフォルニア大学デイビス校起業センターのアンドリュー・ハーガドンは、プロフィールに「20年の経験」があると書いていたとしても、多くの人は実は、1年分の経験を20回繰り返したにすぎないと述べている。[11]

しかし、「永遠のベータ版」という意識でキャリアを積めば、年が替わるごとに、自分の価値を高めるための新たな課題や機会に出会うから、20年で掛け値なしに20年分の経験を積むことができる。だから、よりよい質問は次のようになるだろう。「あなたはこれまでのキャリアで何年、成長経験を積んできましたか？」と。

「永遠のベータ版」という生き方には要するに、「いまはまだ」に応じて生きながら、たゆまぬ成長を続けていくという決意が込められているのだ。これを胸に人生《キャリア》に向き合うと、世界が変わっても、競争相手が変わっても、あなた自身が変わっても、強みが得られる。

結局のところ、仕事は市場で生まれてくる。そして、市場は常に新たな地平へと進んでいく。

毎日が「初日」なのだ。

スタートアップ的人生《キャリア》戦略に必要なもの

「永遠のベータ版」という発想を持っただけでは、キャリアの転換は成し遂げられない。勉強して覚えただけの目的を掲げ、「うまくいきますように」と祈って、あとはただベストを望む受け身であってはいけない。

自分の人生を切り拓くには、本物のスキルが求められる。思慮深い戦略に従う必要がある。そこで次章以降の各章では、以下を実現する方法を紹介していく。

●自分の資産、大志、市場環境の3つの歯車を組み合わせて競争上の強みを身につける。キャリアを始めるときに、情熱のみに従ってはいけない。その代わり、キャリア資本を築くのにふさわしい、歯車がうまく噛み合う場所を見つけよう。それから、情熱のほとばしる先へと方向転換《ピボット》するのだ（第1章）。

● ABZプランニングの手法を使って、自分の強みを活かすための最優先プラン（プランA）をつくり、周りからの意見や教訓をもとに何度も改良しながら練り上げていく。変化への適応は安定をもたらす。そして変化すべきとき、その方法を知っていれば長期的な安心を得られる（第2章）。

● 中身を伴ったサステナブルな人間関係を培い、それを土台にして強力なプロフェッショナル・ネットワークを築く。もし、キャリアの基盤を強化したいなら、ネット上の支援者《フォロワー》も築く（第3章）。

● 好奇心を養い、偶然の幸運《セレンディピティ》を大事にして、思いがけない機会を生み出す。そのために周りとのつながりを大切にし、機転を利かせ、活動を絶やさずにいる。直線的で一歩ずつのキャリアアップに甘んじることなく、爆発的な成長を目指す（第4章）。

● 仕事上の機会を追求しながら、正確に状況を見極め、賢くリスクをとる。他の人が怖気づくような状況で、大胆さを持って自分を差別化する（第5章）。

● よりよい機会を探し、キャリアについてこれまで以上に優れた判断を下すために、情報網から知恵を引き出す。他人とのつながりがあっても、使いこなせなければ意味がない。情報網リテラシーを身につける（第6章）。

各章の終わりには、自分への投資の具体例を挙げた。

さあ、それでは始めよう。自分の人生《キャリア》をスタートアップと同じように舵《かじ》取りするのだ。

第1章

強みを培う

「情熱ファースト」でキャリアを検討するのは
心もとない。
資産、大志、市場環境という3つの歯車が
うまく噛み合う自分の強みを見つけよう。
ハード資産か、ソフト資産か。
専門家か、万能型か。
時代に左右されないスキルか、
未来に求められるスキルか。
稼ぐか、学ぶか。
成長ループに乗っている分野、
もしくは競争の少ない隙間《ニッチ》分野を見つけよう。

史上最も売れたキャリア本は、『あなたのパラシュートは何色？』（翔泳社）という一風変わったタイトルである。著者のリチャード・ボウルズは、この本の核となる考えを次のように述べている。

「職探しを始める前に、情熱、人生の目的、使命など、自分の探しものが何かをはっきり意識することが大切である。……まずは情熱ありき。職探しはそれからだ」[1]

ボウルズは「自分の心の声に耳を傾けよ」と言う。ワークシートを埋めたり、深く自省したりして、本当の目的を探り出せ、と。使命を胸に刻んだら、今度はそれを果たすために長期のプランを立てる番である。自分はどんな人間か、10年後にはどうなっていたいかを確かめ、そこへたどり着くための道順を決めていく。

似たような助言には至るところで出会うだろう。『7つの習慣―成功には原則があった！』（キングベアー出版）の第2の習慣は「目的を持って始める」である。つまり、自分の目的に焦点を当てて使命を書き出すべきだと言うのだ。

こうした助言を聞いてはいけない。

悪いというわけではない。ただ、不完全なのだ。そして、実際にはあまり役に立たない。

では、何が問題なのかと思うかもしれない。

それにお答えする前に、「パラシュート」論には、ある程度の利点があることを認めなければならない。価値ある大志を抱くのは大切なことだ。情熱を持っていれば、あるいは、少なくとも自分が貢献していることに関心があれば、楽しみながらそれに打ち込み、より大きな成果を得られるだろう。自分の将来に投資をするのも適切な選択である。すぐに諦めてしまったのでは、得意かどうか、好きかどうかはわからないのだから。

こうした「情熱・使命・目的」的発想は、過去数十年は重要だったかもしれない。しかしいま、この発想をもとにキャリアプランを立てることにはいくつか大きな問題がある。

これらのアドバイスは、世の中は不変だという前提に立っているのだ。

しかし、いまは「先の見えない時代」であり、物事は常に変化していく。10年後の「なりたい自分」を思い描いて、そのためのプランを立てた場合、環境が変わらないのならうまくいくかもしれない。もし、人生《キャリア》でA地点からB地点へ行くのが、穏やかな夏の日に湖の反対側へボートで渡るようなものなら、問題はないだろう。

だが、あなたが身を置くのは静かな湖ではない。あなたはいま、最も流れの激しい川で、急流下りをしているようなものだ。いつひっくり返ってもおかしくない。

従来のキャリア・プランニングの手法は、比較的安定した状況では有効でも、変化が目まぐるしく先の見えにくい状況では、仮に危険ではなかったとしても、効果はごく限られる。

あなたは時とともに変わるだろう。周りの環境も、仲間や競争相手も変わるだろう。

だから自分に問いかけてみるべきことは、パラシュートの色（夢の仕事）ではなく、「状況が変わりゆく中でも、自分のパラシュートはいつまでも浮かんでいられるだろうか？」である。たとえあなたのパラシュートがまだズタズタになっていなくても、いつなんどき木に引っかかってしまうかわからない。


右で紹介した発想には他にも問題点がある。内省をすれば「揺るぎない自己像を正確につかむのは簡単だ」という前提に立っているのだ。アイデンティティや道徳上の目的をめぐる高尚な問いは一見シンプルだが、実際には答えを出すのに時間がかかる。そのうえ、時が経てば答えも変わってくるだろう。

こうした問いについて考えてみると、自分のキャリア上の関心事において、ある特定のテーマが存在することに気がつくだろう。だが、あなたが人生のどのステージにいても、自分の人生の中心をなすたった1つの夢を内省で簡単に探り当てようとするのは賢明とはいえない。

3つ目の問題点として、たとえ「天職を見つけた」と胸が高鳴ったとしても、稼ぎにつながるとは限らない。夢の仕事をさせてくれる雇い主に出会わなかったり、望む暮らしをするだけの給料を稼いで経済的に自立できなかったりしたら、情熱を糧にキャリアを切り拓こうとしても、うまくいきそうにない。

では、仕事での方向性を決めるときに、最も重要なものは何だろう？

あなたの強みだ。

自分の強みを見つける

かつてサンフランシスコの国道101号線沿いに、こんな掲示板が立っていた。[2]

「あなたの仕事をこなせる人は海外に100万人もいる。あなたならではの持ち味は何か？」

身も蓋《ふた》もないと思うかもしれない。たしかに100万人は大袈裟かもしれないが、あなたのような恵まれた職に就きたくて、しかもその力がある人が他にも大勢いるのは事実だろう。

競争になるのは、恵まれた職だけではない。キャリアのほぼすべての段階で、あなたは、目標を同じにする人々に対して差別化をしなければならないだろう。

人生で何か特定のものを求めるとき、同じものを求める人はたくさんいるはずだ。素晴らしい何かをめぐっては必ず競争がある。優勝決定戦のチケット。魅惑的な彼または彼女の腕。名門大学への進学。そして、充実した職業機会。どれも競争は避けられない。

そして、今日の分散化した雇用環境では、あなたの競争相手はますます増える。なぜなら、もはや競争は恵まれた職の通勤範囲内だけで起こるのではないからだ。いまや、あなたは世界中の人々と競争しているのだ。

だが、競争は悪いことではない。人生を刺激的にするだけでなく、キャリア選択において、より創造的に、より戦略的になることを求めるからだ。

成功したスタートアップは他社との違いが際立つ工夫をしている。世の中はざわついており、ささいな違いを分析するような時間を顧客は持たない。1つのことに長く注意を払うこともない。記憶に残るくらい他社と違う製品でもないかぎり、つまりより速いか、よりよいか、より安くないかぎり、誰からも注目されないだろう。成長するスタートアップは、「お客さまが他社ではなく当社の製品を買ってくださる理由」を説明できる。

1999年創業のネット靴店ザッポスが掲げるその理由は明快だ。「破天荒なくらい素晴らしい顧客サービス」があるから、顧客はここから購入する。他のネット靴店が、返品を「30日以内」としていたのに対して、ザッポスは販売した全品を対象に真っ先に「365日以内なら返品可」という方針を打ち出して、名を上げた。

L.L.BeanやJ・Crewは、ネット通販の返品手数料は顧客が負担するものと考えていたが、ザッポスは理由をいっさい問わず、一律に送料着払いでの返品を受け付けた。GAPのような大手企業も、これにならってネット靴店での配送・返品手数料の自社負担に踏み切ったが、顧客サービス窓口の電話番号はページの下に小さい文字で申し訳程度に載せているだけだ。

他方、ザッポスの無料電話番号は、ウェブサイトの全ページに「誇らしげに」(故トニー・シェイCEOの言葉)表示されている。しかも電話はすべて、ネバダ州の本社に勤務する地元在住の社員が応対する。応対用のマニュアルもなければ1件の通話に費やす時間制限もない。顧客サービスセンターの業務をノルマつきで外注するのが当たり前のご時世に、ザッポスは前代未聞ともいえる取り組みをしている。ザッポスはまた、顧客中心を貫こうとする社風を培い、深め、それによってとても大きな差別化を実現している。

たしかに、あなたはネット靴店を経営しているわけではないだろう。だが、根本的な共通点がたくさんあるのだ。靴の代わりに、あなたは自分の知力、スキル、熱意を売りものにしているはずだ。つまり、商品は「あなた」である。

真の価値を提供してくれるとわかれば、誰かがあなたに出資したいと思ってくれるはずだ。私たちは、あらゆる商品同様激しい競争にさらされ、その中で自分の地位を確立しようとしている。「これは」と思うような機会をめぐっては、似たようなスキルや肩書や学歴を持つ多数の人材が選考対象になるだろう。将来の雇い主、共同経営者、出資者に、他の似たような人材ではなく、あなたを選んでもらうよう説得できるかは、あなた次第だ。

ほとんどの案件では、あまりに似たり寄ったりの応募者ばかりだから、雇い主や採用担当マネジャーはすぐにげんなりしてしまう。[3] 違いを見つけようがないのだ。

だがそれはチャンスでもある。自分自身の持ち味とキャリア戦略を明確にすればいい。人材市場で他と差別化できる進路を望むなら、その第一歩として、「他の誰でもなく自分が採用される理由」を語れるようにならなくてはいけない。同じ仕事をしたいと望む他の人材と比べて、あなたは「より速い、よりよい、あるいはより価値のある」といった条件にどう当てはまるだろうか？　得難い何かを提供しているだろうか？

コメディアンのスティーブ・マーティンはかつて、若い駆け出しのコメディアンに、どうやったら業界に入れるのかを問われた。マーティンはありきたりな「情熱を追いかけろ」というような助言はしなかった。その代わり、その将来有望な若手に「誰もが無視できなくなるほど、うまくなれ」と答えた。

コンピューター・サイエンスの教授であり、著作家でもあるカル・ニューポートは、著書『今いる場所で突き抜けろ！』（ダイヤモンド社）で、このキャリア原則の真髄に迫っている。あなたが持っている能力のうち、市場が無視できなくなるような、希少かつ価値のある組み合わせは何だろうか？[4]　これがカギだ。

ただし、あらゆる人と比べて、あなたがよりよいと胸を張れる必要はない。というのも、企業はすべての商品カテゴリー、考えられるかぎりすべてのサービスで他社と競争しているわけではないのだ。ザッポスは売れ筋の靴やアパレルだけに品揃えを絞っている。

もし、さまざまな高級品を幅広く取り扱い、極端ともいえるほどの手厚い顧客サービスを提供しようとしたら、どうなるだろう。メリハリが利かず、他社との違いがぼやけてしまう。お客さまに良質な靴を感動のサービスとともに届ける店にはなれないはずだ。

人生の成功は1つではない。特定の分野での金メダルを狙おう。

びっくりするほど多くの人が、すべてにおいて最高を目指し、あらゆる人を圧倒しなければならないと思っているようだ。その考え方をとるなら、あらゆる職種を網羅した、グローバル規模の巨大な順位表で上位につけることが「成功」だということになる。もしこの道を行くなら、得意なことは増えるだろうが、どの分野でもトップに立てずに終わるのが関の山だろう。

まずはローカルな競争をするとよい。これは業界セグメントやスキル分野を絞るという意味だ。つまり、「世界最高のマーケティング幹部を目指す」ではなく、「中小のヘルスケア企業のマーケティング幹部としてピカイチになる」というように。「ホスピタリティ業界で世界一の報酬を得る」ではなく、「スキー・ロッジ市場で一流のホスピタリティ・リーダーになる」というように。あなたが競争上の強みを培えるような（より小さな）分野を見つけ出すのだ。

事業の競争上の強みは、起業家のあらゆる動きを決める。同じように、あなたの強みはあらゆるキャリア戦略の土台をなし、「人生で何をすべきか」というよくある問いへの答えを探るのに役立つ。競争上の強みを強化することで、自分を特別にするのは何かという重要な問いに答えられるようになる。どんな機会を追求すべきかを決める助けとなる。どう自分に投資すべきかの道しるべになる。

これらの状況はすべて変わりゆくため、強みの棚卸しは一度で終わるものではなく一生続く。これを実践するには、そのときどきで組み合わせが替わる、3つの歯車について理解しなくてはならない。

3つの歯車

あなたの強みは3つの歯車の噛み合わせによって決まる。

その3つとは、資産、大志、市場環境だ。

最適な方向を選べば、あなたは持てる資産を最大限活かして市場環境にうまく適応しながら、大切な志の実現を目指すことになる。市場環境とは「あなたが人材市場に提供するのと同じものを、どれだけの人が提供していて、需要はどれくらいあるか」ということだ。

資産、大志、市場環境のそれぞれについては、いまの時点で明快に理解していなくてもかまわない。次の第2章で述べるように、理解するには実践がいちばんだ。

それでもやはり、この3つのコンセプトを紹介しておきたい。そうすれば、これらがどんな働きをするのか、これから述べるキャリアをめぐる決断にどう参考になるのか、しだいにわかってくるだろう。

あなたの資産

将来の夢を描いたり、プランをつくったりする前に、あなたがいま持っている資産がどう有利に働くかをはっきりさせる必要がある。

これは起業家も実践していることだ。卓越した事業アイディアはたいてい、手持ちの資産をこのうえなく見事なやり方で活用している。ラリー・ペイジとサーゲイ・ブリンがグーグルを起業したのも、サラ・ブレイクリーが下着メーカーのスパンクスを興したのも、理由がある。

ペイジとブリンはコンピュータ科学の博士課程に在籍していた。コードを書き、データを集めるのが日常であり、情報技術は空気のように身近なものだった。

ブレイクリーは、ある夜、出かける前にストッキングを破ってしまったことをきっかけに、女性にはストッキングに代わるもっとよい補正下着が必要だと思った。彼女は、未開拓だったシームレスの補正下着の需要を理解していただけではない。店を説得してスパンクスの製品を店頭に並べてもらうための粘り強さと、ずば抜けた営業手腕も持っていた。なぜなら、以前ファックスを訪問販売する仕事をしていて、そういったスキルを身につけていたからだ。

ペイジとブリンには、10億ドルもの規模にまで成長する婦人服ブランドを生み出すスキルはなかった。同様に、ブレイクリーにはインターネット検索と広告アルゴリズムのパイオニアとなるためのスキルはなかった。3人の事業目標は、それぞれの強み、関心、経験、人脈などから導き出されたのだ。

これまで培ってきたキャリア資産であれ、あるいはこれから発展させていくつもりのキャリア資産であれ、キャリアに活かせる資産にはハードな資産とソフトな資産の2種類がある。これらから注意をそらさずにいるとよい。

ハードな資産とは、企業でいう一般的なバランスシートの中身である。口座に入っているお金。持ち株。机やラップトップ・コンピュータ、クルマのような形ある持ち物。これらがなぜ大切かといえば、経済的なゆとりがあると金銭面でリスクがあっても大胆な動きをしやすいからだ。ハードな資産にゆとりがあれば、6ヶ月間の休暇をとり、そのあいだ無給でプログラミング言語のRubyを学ぶなど、新たなスキルを身につけられる。あるいは、報酬は少なくても刺激の大きい仕事に移ることもできるだろう。

キャリアの転換を図るには、あるいは予想外の危機が起こった際には、給料がないとせいぜい1、2ヶ月しか持ちこたえられない人よりも、半年から1年くらいは生活できる人のほうが、遥かに有利だといえる。

借金がないだけでも、仕事上の強みとなるハード資産になりえる。より自由に機会を追いかけることができるから、短期的な見返りというよりは、むしろ長期的なボーナスになるかもしれない。

一方、ソフトな資産はお金では手に入れることができず、キャリアを成功へと導くうえであまり目に見えない貢献をする。脳に収まる知識や情報、仕事に活きる人脈とそこで培った信頼関係、鍛え上げたスキル、評判や自分という〝ブランド〟、得意分野などである。


ハード資産は間違いなく重要だ。だが、限界もある。キャリアに関して、お金でなんとかできることはそう多くない。インデックス・ファンドに投資してもお金はなかなか増えない。

一方、ソフトな資産の限界を決めるのは、資産をどう活かすかという想像力と学ぶ意欲だけだ。実際、ソフト資産の組み合わせによっては、収益力はハード資産に換算するところの10倍にもなりえる。ときには、それを電光石火のスピードで成し遂げることもある。


では、投資家のような考え方をするなら、どちらに時間を費やしたいだろう？　ハード、もしくはソフト、どちらの資産を増やしたいだろうか？

おすすめはソフト資産一択だ。新しいスキルを学び、新たな人とのつながりをつくり、自分ブランドを築くことに取り組む。ソフト資産の価値は銀行預金のように簡単には把握できないから、人はともするとその価値を過小評価しがちだ。そしてソフト資産を蓄えながら、考えを明確にし、学んだ成果をはっきり伝えるための自信を身につけよう。

「オンライン・マーケティング会社で2年の勤務経験があり……」など、聞こえはよくても漠然とした表現を持ち出す人はあまりに多いが、その2年の経験があったから何ができるのかを、具体的にはっきり伝えることをしていない。

もし、目に見えないソフト資産を自分がどれだけ蓄えているか不安なら、次に挙げることを試してほしい。

仕事の苦労や業界の課題を議論しているツイッターのスレッドを調べてみるのだ。あるいは、交流会に出かけて行って、仕事上でどういった悩みやニーズがあるかを参加者に尋ねてみてもいい。こうすると、自分は役立ちそうなアイディアを持っているとか、助けになりそうな人を知っているとか、「自分ならすぐに解決できる」と思い当たる機会がどれだけあるかを知って、驚くだろう。

貴重なソフト資産を持っていると自覚するのは往々にして、他人にとっては難しくても自分にとっては易しい課題に出会ったときである。[5]

■ソフト資産をうまく組み合わせて力を引き出す

競争上の差別化につながるソフト資産の形は2種類ある。

1つは稀有であること。たった1つのソフト資産がそれだけで大きな価値を持つので、キャリアが著しく向上する。

あなたがあるスキルの分野でトップの1%に入る、あるいは自分とつながりのある人の中に、ある分野のトップの1%に入る人がいるなら、その資産だけを頼りにしてもいい場合がある。セリーナ・ウィリアムズは、テニスの才能にとてつもなく恵まれている。彼女はトップの1%に入る。それで十分。その他のスキルや人脈や経験は、スーパースター選手としてのキャリアにはあまり必要ないのだ。

同じように、ソフトウェア・エンジニアリングの世界において、エリート中のエリートは、対人関係のスキルが乏しくても高給取りであることがある。なぜなら、その人が持つエンジニアとしてのスキルが会社にとって非常に価値があるからだ。

とはいえ、1つの資産だけでは価値に限界があるのが普通だ。人材市場でセリーナ・ウィリアムズ級の専門スキルを持っているのは非常に稀である。

そういうわけで競争上の強みは、たいていソフト資産の組み合わせになる。それが2つ目のソフト資産の形だ。

いくつもの異なるスキル、経験、人脈を活かせば、組み合わせたときに稀有な価値が生まれる。アメリカの漫画『ディルバート』の作者スコット・アダムスが述べたように、たった1つのスキルで世界レベルを狙うより、2つかそれ以上のスキルを合わせて世界のトップ10に入るほうが簡単だ。

この本の共著者であるベンが、まさにこの「スキルの重なり合い」の原則を体現している。ベンは起業家であり、いまでは彼が共同設立したヴィレッジ・グローバルで投資家もしている。個人の起業家としての成功では、デルの創設者マイケル・デルや、自身の番組を持つオプラ・ウィンフリーには及ばない。けれども、ベンは世界中の何百ものスタートアップに投資する経験をとおして、起業戦略や市場のトレンドに精通している。

また、彼はこの本以外にも、本やエッセイを発表している勢いのある作家でもある。ボブ・ウッドワードやトニ・モリスンのようなピューリッツァー賞レベルの作家にはかなわないが、彼の文章は巧みだし、知的な議論を構成するのもうまい。

彼の特別な強みはこれらの3つのスキルが重なるところにある。起業と投資の経験があるノンフィクション作家はほとんどいない。起業家やベンチャー・キャピタリストで長い文章を書ける人はそういない。だから、キャリアプランに起業家の戦略を当てはめるというこの本の共著者として、ベンのこれらの分野のスキルの組み合わせは、稀有な価値があり、この役目に彼以上の適任者はいない。

起業家の視点を持って自分の資産の内容を見つめれば、他者にとって価値のある独創的な組み合わせを見出せるだろう。

そして、資産の大きさや内訳は一定ではない。人生《キャリア》は長いから、常に新しいスキル、経験から得た洞察、人間関係の組み合わせを探って、ソフト資産を新たな機会に結びつけていくべきだ。さっきまでストッキングに苛立ちながらファックスの訪問販売をしていた人が、次の日には先見の明を持つ実業家になり、業界に革新をもたらすのだ。

自分に投資をすれば資産を拡充できる。これこそがこの本のテーマである。だから、もし「競争力を高めようにも十分なスキルがない」などと思っているなら、それは成功していない理由にはならない。いまから、資産を築く努力を始めるのだ。

■稼ぐべきか、学ぶべきか

いま、あなたにとっていちばん大事な目的は、稼ぐこと（お金）だろうか。それとも、学ぶこと（スキル、知識、経験など）だろうか？

残念ながらほとんどの人は、社会に出たとたんに何かを熱心に学ぶのをやめてしまう。そして、その後の人生《キャリア》の岐路の多くで、いささか無意識に、学びよりもいまの稼ぎを優先してしまう。知性を高めるための本を手にする代わりに、株式や債券についての本を読むのである。仕事の機会を比べるときも、どんなことを学べるかではなく、どれだけの給料を得られるかが関心の的になる。株式市場には投資をしても、自分への投資はおろそかにする。要するに、ソフト資産ではなくハード資産を重視しているのである。これは誤りだ。

長い目で見れば、よりよい稼ぎを得るために、人生早々に効率よく仕事に就く人よりも、知識やスキルの拠《よ》り所を持っているほうが高収入を得られるだろう。そして、有意義な人生を送れる可能性もとても大きいはずだ。

スタートアップの世界にもこれと似たような考え方がある。創業まもない時期は収益性よりも学びを重んじて、将来的に最大限の収益を得られるようにするのである。

だから、「ソフト資産がいちばん早く増えるのは、どのキャリア選択肢だろう？」と胸に手を当てて考えてみよう。もっとシンプルに、「学びの機会がいちばん多そうなのは、どれだろう？」でもよい。

もちろん、人生の段階によっては、純粋な学びよりもお金を稼ぐことに集中したいときもあるだろう。子どもが生まれて家を買うのに貯金をしているとか、ずっと夢見ていた世界一周旅行のためにお金を貯めているとか、そういうときには、収入を最大化するキャリアプランを練ってもいいだろう。たとえ、そこにあまり学びの余地はなかったとしても、それはそれでいい。金銭的な資産を築くことも重要だ。

最良の仕事は、学びと稼ぎの両方を兼ね備えているものだ。どんなキャリアプランであれ、少なくとも片方を実践できなくてはいけない。もしどちらもできていないなら、一度立ち止まって考え直してみよう。

■専門家《スペシャリスト》か万能型《ジェネラリスト》か

さて、ソフト資産の基盤を強化するという考えには納得してもらえたと思う。では、具体的にどんなことに投資すればいいのだろうか？

専門性を優先して、他の人があまり選ばない隙間《ニッチ》分野のスキルのエキスパートになるべきだというのが、本書の回答だ。

フェイスブックやグーグルがインターネット広告で力をつけてきたとき、マーケティングのカリスマたちは、パフォーマンス・マーケティングの仕組みを徹底的に理解しようとした。アメリカで多くの州が大麻を合法化したときに、大麻法の草分けとなった弁護士たちは、加速した需要に応え活躍した。

何かを専門にすることで強みが得られる理由は、競争が少ないからだ。競争が少なければ、スキルの市場価値を大きくすることができる。

「はじめに」で説明した、複数の収入源を持つ「ポートフォリオ・キャリア」を実践する人たちにとって、専門性をつけることの利点は特に大きい。会社が非常勤のコンサルタントや一時的な働き手を雇うのは、特定のスキルを持つ専門家を探しているからであり、そのスキルを手っ取り早く全体のプロジェクトに導入したいからだ。ともすると役割や責任が曖昧な万能型を参加させるよりも、役割と付加価値が明確な専門家を参加させるほうが簡単だ。

万能型はキャリアを育むうえでいくつか難題に遭遇するだろう。その中でも、彼らは専門家以上に仕事上の人脈をつくるのに苦労する。なぜなら、新しく人とつながるときに相手に提供できる価値がないと考えてしまうからだ。だが、たった1つでも何かについて平均以上に詳しくなれれば、もっと簡単に周りの人にユニークな価値を提供できるようになる。
優秀で野心ある人が苦労することが多いのは、少なくとも1つの実用的な分野を熟知していないからだ。これは、職業上の役割を習得する機会を得る前に、ある仕事から別の仕事へ、もしくはある業界から別の業界へ頻繁に移動するデメリットの1つでもある。

もちろん、キャリアのあまりに早い段階で専門性を決めてしまうと、キャリアが型にはまってしまうのも事実だが、キャリアをとおして幅広いスキルを培うことは可能だ。

成功している人は、まず専門性を身につけ、時が経つにつれて万能型になることが多い。なぜなら彼らは、自分の最初の専門性と、自分の管轄内にある異なる経験や知識を、結びつけて会得していくからだ。会社でいちばんの高給取り（たいていはCEO）は、万能型でなければならない傾向がある。

■ まったく新しい知識やスキルを身につけるべきか、すでにあるものを強化すべきか

あなたが持っているスキルや知識を、初級、中級、上級、世界級の4つに分類してみよう。
専門経験や知識がまったくない（初級）。ある程度の知識やスキルがある（中級）。かなり専門的

な知識やスキルがある（上級）。特定の活動や分野では世界トップレベルである（世界級）。自分に投資するとしたら、どこに時間を注ぐべきだろうか？　あなたが持っている能力や知識の初級分野、中級分野、それとも上級分野？　それぞれの場合の効果を見てみよう。

● 初級から中級にレベルアップ：

何も知らないところから少し知っている段階まで視野が広がると、思いがけない変革につながることがある。なぜなら、異なる知識やスキル同士で関連を見つけると「なるほど、そうだったのか」という発見の喜びを感じられるからだ。

脳の連想の力を働かせるためには、あるトピックについて十分知る必要があるが、たいていは入門レベルの知識で事足りる。たくさんのトピックについて少しは知識があると、戦略的な思考やブレインストーミングを強化できる。

スキルも同じだ。損益計算書や貸借対照表を一度も見たことがないのなら、企業会計の基本を10時間から20時間ほど勉強すれば、自分の部署の会計システムを自動化するためにコンピューター・プログラミングのスキルを活用するアイディアがひらめくかもしれない。

● 中級から上級にレベルアップ：

ある分野の基本的なスキルと知識を身につけてしまうと、そこにもっと投資しても、キャリアが大きく変わることはほとんどない。経理の中級レベルの語彙や概念を知っていることで、少しは役立つかもしれない。だが、ほとんどの人にとっては、形勢を逆転するほどではない。中級レベルの知識では会計士としては雇われないだろう。専門家ほどの貢献はできず、キャリアとしてはわずかな前進にしかならない。

● 上級から世界級にレベルアップ‥

伝説的なキャリアがつくられる場所、それが「世界級」だ。だが、すでに得意なことをさらに磨こうと努力するのは、多くの人にとって直感的には理解しにくいようだ。

学校では、「苦手分野を克服するのに集中しなさい」と言われたかもしれない。親や教師は成績表に書かれた、優れた分野ではなく成績が悪いところばかりに注意を払う。「弱点を克服しなさい」と言う。この意識が変わらないのだ。だが、これは非効率でもある。大人になると、弱点に投資するよりも、長所に投資したほうが大きな投資利益を得られる。

私（リード）が実践しているのはまさにそれで、弱点にはあまり取り組まない。正直に言うと、避けてしまうほうが多い。私は、整然とした反復作業をするのが苦手だ。だから、そういった作業で初級から中級になるまで学ぶ代わりに、事業拡大の業務にとても優れた手腕を持つ人々を雇うことにしている。

そのおかげで、私は自分に投資するための時間を確保できる。重要な場面で、すでに上級レベルにある自分のスキルを高めて、世界級の資産に押し上げるための最後のいちばん難しい取り組みに全力を注ぐことができるのだ。

結論として、異なる分野や経験につながりを見つけ出せるくらいある分野について学び、中級レベルになることには価値がある。そして、市場が求める何かの分野で世界級になることにも価値がある。あるスキルが別のスキルをユニークなかたちで補い、高め合うのでないかぎり、何かがまあまあ得意でもあまり価値はない。

自分に投資するなら、初級と上級のスキルや知識に投資しよう。

▪いまは評価されないが、近いうちに価値を生み出しそうなスキル

優れた起業家は未来を予見できる。

トラヴィス・カラニックがウーバーを創設したとき、ベンチャー・キャピタルはこのスタートアップに投資するのを見送った。なぜなら、お抱え運転手つきの送迎事業の市場規模は小さ

いと考えたからだ。おんぼろのトヨタ・プリウスに見知らぬ人を乗せて移動するような未来を思い描いた投資家はほとんどいなかった。

ウーバーや類似サービスを提供する企業は、いまやお抱え運転手つきの送迎市場を凌ぐ、ライドシェアという新たな市場をつくり出し、何千億ドルという時価総額を支えている。

考えてみてほしい。数人の起業家が、地上の交通が抱えていた問題をまったく新たな方法で解決するまで、この市場は文字どおり存在しなかった。それがいまでは何十億ドルもの取引が行われている。これらの企業の創設者は莫大な富を手に入れた。

初期の従業員もうまくやった。彼らは、まさにこの本が讃えるような起業家精神を持ったプロフェッショナルで、大学の就職手引きには載っていないような仕事（なぜなら存在しなかったから）に方向転換したのだ。

たとえば、どんな仕事か？　リフト、ウーバー、Ａｉｒｂｎｂ、ポストメイツやその他の類似企業は、新たに参入する地域を開拓するべく、近年多くの「街の新規事業担当《シティ・ローンチャー》」を採用してきた。また、ライドシェアを公共政策に推し進めようとするロビイスト、大勢のパートタイマーや時給制のギグワーカーの福利厚生を管理できる人事のプロフェッショナルなども雇っている。

あなたも自分のキャリアで、同じように大胆かつ未来を見据えた戦略をとることができるということを、いまからお伝えしたい。いまは評価されていなくても、近い将来に新たな価値を生み出すスキルをあなたも持っているかもしれない。いまそうしたスキルに投資すれば、大きな利益を得られるだろう。

コメディアンのマーク・マロンを例にとってみよう。彼は2009年、コメディアンが自分のポッドキャストを手がけることを求められるようになるずっと前に、自身のポッドキャスト『WTF』の配信を始めた。まだプレーヤーの少なかった市場に、自分の場所をつくり出したのだ。

彼は、編集されていない、感情豊かな生の声を届ける長時間インタビューというジャンルの先駆者となった。いまでは、何百万というアメリカ人が彼のポッドキャストを聴こうと、通勤中やジムでのトレーニング中にスマホをいじっている。マロンは、彼の核となるスキル——人生の最も暗くてつらいときにユーモアと意義を見出すこと——を、新しい場所に持ち込んだのだ。そして、当時はまだ成熟していなかったが急速に成長していた、ポッドキャストという市場で大きな賭けに出た。

結果として彼のキャリアは一変した。長いあいだ諦めかけていた夢がすべて叶った。映画出演、満員の観客席、自分のテレビ番組、大人気のコメディ特番……。２０１５年には、なんとバラク・オバマにインタビューした。驚くことに、自宅のガレージで。

マロンは50歳近くになって大成功を収めた。若さがものを言うエンタメ業界ではほとんど前代未聞の離れ業を成し遂げたのだ。

もちろん、タイミングは重要だ。最先端のスタートアップが失敗する理由の1つは、あまりに未来を先取りしすぎることだ。消滅してしまった90年代のドット・コム企業（ウェブバン、ペッツドットコム、その他あなたがおそらく聞いたことがない企業）の多くは、時代の先を行く素晴らしいアイディアを持っていた。

ただ、もしあなたが時代に先駆けるキャリアスキルを活かしたいと思うなら、ハイリスク・ハイリターンの戦略を取っていることは自覚したほうがいい（たとえば、仮想現実《VR》や拡張現実《AR》の技術によってテーマパーク業界を変える一流のエキスパートになりたい、など）。ポッドキャストに相当するものを立ち上げ、ポッドキャストが流行する前に、大勢の新しい物好きを集めるかもしれない。あるいは、セグウェイに相当するものを開発するかもしれない。セグウェイは、自動でバランスを取る乗り物で、移動手段に革命を起こすと考えた人もいたが、その期待には応えられなかった。充電する手頃な場所がないなど、世の中の準備が整っていなかったからだ。

1年から3年ほど時代を先取りするのは素晴らしい。だが、10年早すぎたら……最悪だ。

どの業界で働くか、どんなスキルを習得するか、どんな本を読むべきかを考えるときには、投資ラウンドのシリーズAやシリーズBで、最近ベンチャー・キャピタルに資金調達を受けたテック分野のスタートアップを参考にするといい。

なぜならこうしたスタートアップが最先端のトレンドをつくる傾向があるからだ。

一例として、コインベースは2013年にシリーズAとシリーズBで資金調達をした。その数年のあいだに、自己投資として暗号資産について学んでいれば、暗号資産専門家としての職業機会が山ほどあって、人生が変わっていたかもしれない。なぜなら、当時、成長する市場において暗号資産に関する知識は貴重だったからだ。

ベンチャー・キャピタルが投資しているスタートアップを研究することで、これから発展していきそうなトレンドや市場を垣間見ることができる。

■時代に左右されない「才能」不要のスキルを培う

ジェフ・ベゾスとアマゾンは、顧客のタイムリーなニーズを満たすため、まったく新しい製品カテゴリーをつくり出す見事な才能でよく知られている。キンドル（電子書籍リーダー）、クラウドサービス、インターネット通販事業者のためのフルフィルメントサービス（訳注：ネット通販における受注から配送、在庫や入金の管理まで一連の作業を行うこと）など、創業から何年も経ってから、創業当初のビジネスモデルとは大きくかけ離れたイノベーションをたくさん生み出してきた。

あまり理解されていないのは、アマゾンの経営哲学が時代を超えた理念を強調していることだ。ベゾスは次のように述べている。

「よく尋ねられるのは、『この先10年で変わるものは何か？』という質問です。これは興味深い質問ですが、ありふれた質問とも言えます。一方で、『この先10年で変わらないものは何か？』という質問をされることはほとんどありません。

私は、2つ目の質問のほうが重要だと言いたい。なぜなら、時が経っても安定しているものを中心にして事業戦略を練ることは往々にしてあるからです。小売業では、顧客は低価格のサービスを望んでいます。そしてこれは10年後も変わりません。迅速な配達と豊富な品揃えも顧客に望まれています。10年後、顧客に『ジェフ、アマゾンは大好きだけど、価格はもう少し高いほうがいいよ』とか、『アマゾンは最高だけど、配達はもう少しゆっくりでいいよ』と言われる未来は想像できません。ありえないことです」[6]

自分のキャリアのソフト資産について、同じような質問を自分にしてみてほしい。どんなスキルが時代を超え、時に左右されないのか。一般的な「スキル」の種類には入らないが、教えるのが難しい、物事に対する考え方や行動があると思う。

学校の先生に「あなたは数学が得意だね」とか「歴史の成績がいいね」と言われたことはあるかもしれないが、考え方や行動、つまり心の習慣については、そんなふうにほめられることはないだろう。そうしたことは担当教科の範疇《はんちゅう》ではないからだ。

けれど、そういった心の習慣は非常に価値があり、パンデミックであってもなくても、誰が大統領であっても、あなたの役に立つだろう。これらは何百年ものあいだ変わらない、時代を超えた成功の原則だ。特に経済の混乱が多い現代には、時宜に合っているとも言える。いくつか例を挙げよう。

集中力：雑音や誘惑を無視して、とにかく仕事を片づける。
高潔さ：他者を尊重し、誠実さや公平さを重んじる。
知的好奇心：私たちが暮らすこの興味深い世界について学び続ける熱意。
曖昧さを受け入れる知恵：すぐに答えがわからないときもある。
粘り強さ：挫折に負けず、失敗から学び、前に進む。
長期的な視野：目先の価値ではなく、永続的な価値に重きを置く。
倫理観：規律を守り、魅力的な作業でなくても毎日の業務に責任を持って取り組む。
協力：他者を理解し、手を差し伸べる。

投資家で作家でもあるサヒル・ブルームは、右に挙げた心の状態を、特別な才能を必要としない競争上の利点だと述べている。[7] たしかに、これらはスキルだが、意志や気持ちの問題でもある。出世街道を昇りつめた社長のように、キャリアの躍進を実現した万能型の人は、ほぼ誰もがこれらの資質を持っている。

そして、精神的なソフト資産を投資対象に採用するかどうかは、いますぐ「選ぶ」ことができる。鈍ったり、時代遅れになったりする才能とは違い、精神的・行動的習慣は、1つの状況だけに当てはまるわけではないので、「先の見えない時代」にはとりわけ重要になってくる。

業界は崩壊するかもしれないし、政治が経済を揺るがすかもしれない。自然災害によって、私たちは生き方を変えなければならなくなるかもしれない。新しい技術が昔からある仕事を時代遅れにしてしまうかもしれない。そしてご存じのとおり、世界的パンデミックで社会活動が麻痺したり、人々が持つスキルを一時的ながらも無意味にしたりするかもしれない。

だが、ある種の人としてのあり方が、必須のツールであることは変わらない。決して集中力を切らせない人。倫理原則を大事にする人。あらゆることにおもしろさを見出す人。不確実な状況でも冷静な人。失敗しても前向きな人。数ヶ月先ではなく数年後を見据える人。そして、誰も得意でないことを他の人と協力しながら行う人……。こうしたスキルはますます希少になっているが、とてつもなく大事で価値のあることだ。そして10年後も、その先も、変わらず価値を持ち続ける。

大志

大志はキャリアを前進させる2つ目の歯車だ。大志とは、いま自分が持つスキルや市場環境などと関係なく抱くもので、将来の望み、アイディア、目標、ビジョンなどである。

大志は、大切な理念かもしれないし、あるいはお金、権力、自主性、影響力、仕事と家庭の両立など、人生で大切なものかもしれない。あるいは、毎年フィジーのビーチで1ヶ月の休暇を満喫することかもしれない。

大志は、すべては実現しないかもしれないし、時とともに確実に変化していく。たとえ途中で方向を変えることになったとしても、目指す方向へと舵を取る努力はしてみてほしい。そうすればきっと、満足を感じられる仕事の機会を引き寄せるだろう。

ツイッターとスクエアの共同創業者ジャック・ドーシーは、シリコンバレーにおいて、先見性あふれる製品やサービスを考え出す人物として知られている。設計やデザインを重んじ、スティーブ・ジョブズやアップルからゴールデンゲート・ブリッジまで、ありとあらゆる人や物からひらめきを得る。

ツイッターとスクエアはともに破竹の勢いで躍進し、企業価値も高騰したが、キャリアの初期から彼を形づくってきたドーシーの確固としたビジョンは揺らいでいない。

ツイッターのサービスはいまも余計なものがいっさいなくスッキリしている。もともとのスクエアの小型カードリーダーはいまも処理が早く、使い勝手がよい。彼の会社がこれほどまでに発展してきた理由の一端は、込み入ったものをシンプルにしようとする熱い思いと、デザインを重んじる姿勢だ。

製品・サービスづくりの優先順位をはっきりさせ、いつも変わらぬ体験を顧客に届ける。そこに共感する人材を採用できているのも、ドーシーの一貫した大志のおかげだ。スタートアップにとって、ドーシーのように、説得力があって、チームの指針となりえるビジョンは競争上の強みになる。

人生戦略《キャリア》においては、主軸となるアイディアをしっかりと固めよう。価値観や目的を深く考えないままだと、当てもなく仕事から仕事へさまよう危険性がある。

周りの人にどう思われたいかという外向きの自分ではなく、自分自身を知ろう。あなたが大切だと思っているのはどういうものだろうか。

もし、あなたが再生可能エネルギーに興味があるなら、企業文化とその興味がぴったり合う会社での職につながり、その会社で特定の隙間《ニッチ》分野を発見できるかもしれない（あるいは、その会社が自分には合わないとわかるかもしれない）。移民問題にもっと注目を集めることがあなたにとって大切なら、その関心はポートフォリオ・キャリアにつながっているかもしれない。いくつか仕事を掛け持ちして、芯となる大志にさまざまな角度からアプローチすることも可能だ。

あなたの大志や価値観を知るヒントの一端は、仕事以外のライフスタイルにあるかもしれない。

たとえば、友人とブランチに行くのと同じように自分で自分の時間をとるのは、あなたにとってどのくらい重要だろうか？　頻繁に休暇を取ったり、どこからでも仕事ができたりするのはどのくらい重要だろうか？　稼ぎが減っても、夢中になれるプロジェクトを優先するだろうか？　ボランティアをしたい、何かを教えたい、大学に戻って勉強したいと思うことはあるだろうか？　働くために生きるのか、生きるために働くのだろうか？

いまは全部の質問に答えられなくてもいい。自分が何を大切に思っているのか定まっていないなら、あまり自分を追い詰めなくても大丈夫だ。スティーブ・ジョブズがかつて助言したように、前を見るのではなく振り返ることで点と点を結びつけられることもある。

すでに答えが決まっているとしても、それは時とともに変わることを心に留めておこう。人生には仕事、人とのつながり、新たなスキル習得が優先順位を占めるときもあれば、趣味に没頭したり、人間関係や家族との時間を大切にしたり、新たな経験を求めたりすることに集中するときもある。人生に移り変わりがあるのは当然だ。

だからこそ、いま関心の対象が何なのかを自分の中で明確にしよう。優先順位を定期的に吟味することが、築きたいキャリアとライフスタイルを設計するのに役立つだろう。

■キャリア資本が多ければ、重要な理念の存在感を高められる

人生《キャリア》の第一歩を踏み出しても、長いあいだは、自分が夢みることを実行できる権力、評判、影響力は得られないだろう。たとえあなたが大卒で、素晴らしい文章力を持っていたとしても、すぐにニューヨーカー誌の記者やテレビ局HBOの制作指揮者にはおそらくなれない。まずは編集助手や脚本制作助手などを務めて、少しずつ階段を上って行くことになる。

芸能事務所の仕事は郵便の仕分けから始まる。弁護士は法律事務所の共同経営者《パートナー》になるため粉骨砕身する。学術界でも、大学教授として終身在職権を手にするまでには、結構な時間を非常勤講師として働かなくてはならないだろう。同じことは、あらゆる職種に言える。

カル・ニューポートは著書『今いる場所で突き抜けろ！』(ダイヤモンド社)で以下のように述べている。「もし、あなたの目指すところが仕事を好きになることなら、まずすべきなのは希少で価値のあるスキルを上達させて『キャリア資本』を積み上げ、その後に、この資本を素晴らしい仕事をするために投資すること」[8]

言い換えると、最初から望むものすべてが手に入るわけではないということだ。辛抱強く一生懸命努力して、望むものを掴みとっていかなければならない。

ニューポートのキャリア資本（スキルや経験）という考え方は、自分の理念と仕事を一致させるのに重要だ。

人生《キャリア》の初期には、最良の仕事の選択が自分の理念とぶつかることがある。だが、キャリア資本を蓄積すれば、その資本を使って、自分が大切に思うことを実現するための仕事の道筋を切り拓ける。すぐにではないかもしれないが、いずれは可能だ。

つまり、使命を果たすためには、忍耐が必要だ。

途上国に学校を建設するために、自ら組織を立ち上げたいなら、非政府組織（NGO）や非営利組織で10年から20年働いて経験を積めば、望むほうへ進めるかもしれない。だが、このように情熱に投資するのは、よい方法と言えるのだろうか？（ちなみに、後で述べるが、たいてい情熱だけではよいキャリアパスにはならない。その場合は、情熱は趣味的なものとして持っておいたほうがいい）

非営利組織で働く代わりに、多国籍銀行で5年働いて、企業の社会貢献活動を学んだり、裕福な人とつながりをつくったりする。そして、今度はそのキャリア資本を利用して、最初の夢だった目標を実現するのはどうだろう？

ある種のライフスタイルを重視する場合であっても、キャリア資本を徐々に築くという原則は当てはまる。必要な実績がないまま、早々に特定の願望――金曜日は休みたいとか、1年のうち2ヶ月はリモートで働きたいとか――を実現しようとしても、叶わないことが多いだろう。キャリアの早いうちからこうしたことを実行しようとすると、生意気だとか会社のルールをわかっていないと思われてしまい、自分の評判を傷つけてしまうかもしれない。

ただ、仕事、ライフスタイルと人生の充実感について、自問する人は増えている。「はじめに」で述べたように、テクノロジーが新たなライフスタイルや経済的な機会をつくり出したことで、複数の収入源を持つポートフォリオ・キャリアが新しく実行可能な選択肢として出現したからだ。

私たちには、かつてないほど大志を自由に遊ばせる余地があるのだから、さまざまな選択肢の利点を考えてみよう。

そして、やってみないと、わからないことはいつまでもわからないままだ。だから、実験してみるしかない。

あなたの心の中にある大志は、あなたが人材市場で競っていくうえでの貴重な強みである。理由は簡単だ。関心のあることを仕事にしていれば、一生懸命に取り組めるだろうし、成果も上がるだろう。何かしらの犠牲を払わざるを得なかったとしても、それはきっと相応の見返りにつながるはずだ。

お金、地位などの外的な動機は、人生《キャリア》の段階で変化する。コントロールできない世界で奮闘する起業家はみなそうだ。だが、心の中の、内的な動機は不変だ。決してあなたを失望させることのない親友のように。

何十年にもわたる科学的研究が、生産性、忍耐、幸福を得るには、物理的な報酬よりも内面の意義が重要だということを示している。精魂を込めて物事に取り組める人は、もっぱらお金を稼ぐためだけに働いている人よりもいい仕事を長く続けるはずだ。

シリコンバレーでは、大志を重んじる「伝道者」と、お金を優先する「傭兵」を区別している。

「伝道者」と「傭兵」の概念は、投資家のジョン・ドーアが提唱したものだ。彼は、スタートアップを起業する人の中には、会社を売って次に移るために起業する人と、長きにわたって本当に価値あるものをつくり出すために起業する人がいることに気づいたのだ。

最も素晴らしい会社（と、最も素晴らしいキャリア）は、大志を重んじる「伝道者」によって意志を持って生み出された。なぜなら、傭兵のように機会だけを求めるのではなく、伝道師は戦略的に考えるからだ。

ドーアはこう述べている。

「傭兵は短距離走を走るが、伝道師が走るのはマラソンだ。傭兵はオオカミの群れのリーダーにすぎないが、伝道師は助言者、あるいはチームのコーチだ。傭兵は特権を気にするが、伝道師が考えるのは、社会に貢献しているかどうかだ」[9]

あなたはどちらだろうか？

■情熱は見つけるものではない——生まれるものだ

モチベーションの大家やインスタグラムのインフルエンサーによるまことしやかな主張とは裏腹に、あなたの内奥に「本当の自分」が潜んでいるわけではない。本当の情熱は、内省をとおして見つかるわけではないのだ。

情熱を注ぐべきものは探して見つかるものではない。

代わりに、ソフト資産を培うための場所を探そう。他の人にとってはリスクが高くなる分野でスキルを磨こう。おのずと相対的に熟練したスキルや目的意識が得られる。

情熱は行動から自然に生まれるはずだ。

たしかに人の振る舞いは、野心や願いをもとに決まる。しかし、それらはそもそもこれまでの行動や経験によって決定されているのだ。人は、自分の成長に応じて、そして世の中の移ろいに応じて変わっていく。「本当の自分」は発見するようなものではない。行動や経験をとおして生まれてくるのだ。

不透明な先行きを受け入れよう。特に、できるだけ早いうちに。

あなたはキャリアを積むにつれて、もっと具体的な、考え抜いたビジョンを抱くかもしれない。あるいは、まったく別の道へと方向転換するかもしれない。

スタートアップは常に改良とルート変更を繰り返している。

あなたがいま抱いている指針となる大志がどんなものであっても、大志はすべて時とともに進化していくのだと、心にとめておこう。常に変わりゆく市場と同じだ。

ただし残念ながら、人材市場はあなたが大切に思っていることを重視してはくれない。スキルと大志を市場が求めるものに発展させていくのは、あなた自身の役割だ。

市場環境

市場経済において起業するということは、需要と供給の世界に呑みこまれた完全なる実力主義のプロセスだ。どれほど心血を注いで努力しても、どれだけ善意にあふれていても、どれほど強い信念を持っていても、提供するものを顧客が求めてくれなければ、ビジネスは立ち行かない。

キャリアにも同じことが当てはまる。

キャリアに関する本には、厳しさが足りないと思う。情熱や理念ばかり重視していて、活動していかなければならない場所である市場の現実についての情報が不足しているのだ。あなたのスキルは、いくら「特別なものだ」という自負があったとしても、あるいはあなたの理念がどれほど心揺さぶるものであっても、人材市場のニーズに合わなければ、十分な競争上の強みにはならない。

「市場」は抽象的なものではないことも頭に入れておいてほしい。市場は、上司、同僚、顧客、生徒、直属の部下、投資家など、人の集まりである。あなたは彼らの判断に影響される他、彼らのニーズにも応えなくてはならない。

あなたの提供するものは、どれだけ必要とされているだろう。必要とされているとして、あなたは競争相手よりも大きな価値をもたらせるだろうか？

いや、この本がロールモデルとして挙げている起業家たちは、空想家で夢追い人ではなかったか？　現実的であることと理想的であることは相反するのではないかと思うかもしれない。

そのとおりだ。

だが、優れた起業家は、現実主義者でもある。最初から壮大な計画《ムーンショット》を描くわけではない。現実も理想もどちらも大切にする。

夢を追いつつ、現実的であるのは簡単ではない。でも彼らは、星を目指しながらも、定期的に足元を見下ろしてちゃんと地面を歩いているかも確かめるのだ。最も大胆不敵に夢を追う人こそ、顧客が何にお金を払うかを探り当てるために、多大な熱意や労力を注ぐ。自分のスタートアップを成功へと導けるかどうかは、どんな場合にも、雇い主、顧客、仲間などに報酬を払ってもらえるかどうかにかかっているのだ。

スターバックスの元ＣＥＯハワード・シュルツは１９８５年、イタリアのコーヒーショップに似た店をアメリカで開こうとしていた。シュルツも仲間も、ただの思いつきで腰を上げたわけではない。

まず、自分たちが参入しようとする市場のしくみを知ることに全力を挙げた。ミラノとべローナのエスプレッソ・バーのべ500店を訪れて、できるかぎり多くを学んだ。イタリアのカフェはどんな内外装だろう？　コーヒーをめぐる現地の文化や習慣は？　バリスタたちによるコーヒーの淹れ方は？　どういったメニューが用意されているのか？　彼らは見聞した中身をノートに書きとめ、店の様子をビデオカメラに収めた。[10]

起業家にとってこのような市場調査は、創業当初だけ行う一度限りのものではない。デービッド・ニールマンはジェットブルーという航空会社をみずから興し、最初の7年はCEOを務めた。そのあいだ、少なくとも週に一度は自社便に乗り、客室で接客にあたり、その経験をブログに記した。

「私は毎週ジェットブルーの飛行機に乗り、お客さまと言葉を交わします。こうすると、よりよい航空会社になるための方法が見えてきますから」[11]

シュルツやニールマンはそれぞれ、起業にあたって壮大なビジョンを掲げていた。それでも、一旦営業を始めると、初日から顧客や利害関係者のニーズに焦点を合わせた。

あれだけの知性とビジョンを備えた人々だ。友人のベンチャー・キャピタリスト、マーク・アンドリーセンの「市場が存在しなければ、どれだけ賢くても振り向かれない」という口癖の意味を、肝に銘じていたのだろう。

あなたがどれだけ懸命に働いてきたか、自分の野心にどれだけ情熱を持っているかは、大きな意味を持たない。人材市場で評価されないかもしれないという事実は、あなたを不安にさせるだろう。でも、対価を払おうという相手が現れないのであれば、それが現実だ。

少し脅かしすぎたかもしれない。市場環境の調査は、夢を諦めることと同義ではないことを説明しよう。

■職種ではなく業界を選ぶ

起業家と投資家は常に、破竹の勢いで成長する業界、部門、製品カテゴリーに目を光らせている。

同様に、キャリアの契機になりえる勢いに乗った業界、場所や地域、人、企業はどんな時代にも存在する。その波に乗れる立場に身を置けるような市場環境を整えよう。潮流に乗ることと、つまり、逆風ではなく追い風の市場に入っていくことが、人生戦略《キャリア》で大きな成功を収めるカギである。

この本を書いている直近の例としては、中国とインドの経済、人工知能、暗号資産とブロッロノクテオイバ、術技グンィテーュピンコドウラク、品製なルブナテスサ、術技ンーェチクジーなど、適当に挙げてみてもたくさんある（もちろんどれも、近いうちに時代遅れになるリスクはある）。

まだ最高潮に達していない波の特徴は、その技術の最初の考案者がまだ存命で活動していることだ。マーク・ザッカーバーグはまだ若く、しばらくのあいだソーシャルネットワークは大きな波であり続けるだろう。反対に、イーストマン・コダックの創業者であるジョージ・イーストマンは、とっくに亡くなっており、プリント写真やデジタルでないカメラの市場もまた、過去の遺物となっている。

勢いある市場のすごいところは、欠点を補っても余りある成長を遂げられるところだ。スタートアップの中には、平凡なチームによって開発された平凡な製品もあるが（名前は伏せる）、白熱する市場にいればそれでも大きな成功を収められる。市場自体がそういった企業から成功を引き出しているのだ。力強い市場は、市場の成長自体がスタートアップのほぼすべての欠点を凌駕する。少なくとも、しばらくのあいだは。

「職種ではなく、業界を選ぶ」べきなのは、それが理由だ。

いま熱い分野で働く。その会社で自分がこれまでに培ったスキルや、抱いている大志に近い仕事があればなんでもいいからやる。会社が成長を続けているあいだは、どんな仕事をするかはほとんど重要ではない。

まず業界に入って知識を得てから、会社を選ぶのだ。話題の業界で事業をしているなら、機会の源になるだろう。話題の会社で働けば自分のブランドを高められるし、評価を得られる。あるいは戦略として、偶然の幸運《セレンディピティ》が起こる確率を上げることもできるだろう。

自分の隙間《ニッチ》分野をつくり出そう

競争で優位に立つ明確な方法は、差別化を図るために自分の持ち味となるスキルを向上させることだ。もちろんこれは賢明な方法だが、他にもこれと同じくらい効果的なやり方がある。競争の少ない市場に参入するのだ。そうすれば自分を変えることなしに、すでに自分が持っている資産を競争相手よりも輝かせることができる。

一例として、ヨーロッパではプロとしてやっていけるほどではないサッカー選手は、えてしてアメリカのプロサッカーリーグでプロ生活を送る（なぜなら、率直に言えば、ヨーロッパのチームと比べると、アメリカのチームはいわばマイナーリーグのようなものだからだ）。

スキルの中身を変えるのではなく、代わりに環境を変えるのだ。競争があまり厳しくない市場に参入すれば、優位性を発揮できるからだ。

スタートアップの世界では特に、競争の有無や度合いは死活問題だ。

リンクトインはサービス開始当初から、競合サービスとは異なる路線をとった。求職者と履歴書という採用の世界は、友人との写真を投稿したり、パーティーに誘ったりできる他のソーシャルネットワークサービスと比べれば地味だ。

しかし、地味な市場には才能豊かな競争相手が少ないことが多い。リンクトインも、プロフェッショナル志向のネットワーク分野の中に特別な隙間《ニッチ》をつくり出した。

2003年の創業当時、競合他社は主に企業間ネットワークを柱にしてサービスを組み立てていた。人々のプロフィールや特徴を特定の企業や勤務先と結びつけていたのだ。

これに対してリンクトインは、人を中心に据えた。

創業の理念は、誰もがアイデンティティを自覚してみずから管理すべきだというものだった。他社の人たちともつながって、いまの仕事の成果を高めるだけでなく、転職の際に魅力的な機会を見つけるのが望ましいだろうと考えたのだ。

リンクトインの発想は正しかった。リンクトインは、単に「ソーシャル」な場なのではなく、プロフェッショナル向けに絞っており、企業のネットワークではなく個人のネットワークをつくっていた。ユーザーの多くは、ソーシャルメディア上のインフルエンサーではない。スナップチャット、ティックトック、フェイスブック、インスタグラムといった大規模なソーシャルネットワークは人気があるが、どれもそうしたプロフェッショナルなビジネスパーソンのニーズには応えていなかった。

新進気鋭の企業幹部、中小企業の社長、野心あふれるプロフェッショナルはソーシャルネットワークサービスをビジネスのためではなく楽しむために利用している。だから、リンクトインはプロフェッショナルに重宝される機能に力を入れ、不適切な画像を選別するためのフィルターやゲームなど、サービスの競争力向上に役立たない機能は設けない方針を貫いている。金メダルを獲得できる、自社が定めた土俵で競争しているのだ。

あなたも、周りにいる賢い人たちとの差別化になりそうな選択をすれば、同じように、人材市場で隙間《ニッチ》分野を開拓できる。

ベンチマーク・キャピタルというVCのパートナーを務めていたマット・コーラーは、20代後半から30代前半にかけての6年間を、リンクトインとフェイスブックのCEO、つまり私とマーク・ザッカーバーグの右腕として過ごした。卓越した才能や野心を持つ人々はたいてい、みずからスポットライトを浴びたがる。あるいは、脚光を浴びない役割が提供する機会に気づかない。

だから、トップの右腕というポストは、競争が少ない反面、大きな機会に恵まれているわけだ。マット・コーラーは任務を見事に果たし、その過程で実績と人脈の両方を築き上げた。人材市場でこのように他者と一味違う立場を選ぶことによって、彼は一流ベンチャー・キャピタルのパートナーになるという長年の目標を果たす下地をつくった。

未開拓の隙間《ニッチ》分野に身をおこう。運がよければ競争がないか、あるいは少ないだろう。そうすれば、名を上げるのはずっとたやすい。

3つの歯車を噛み合わせる

優れたキャリアプランは、資産、大志、市場環境の相互作用から生まれる。これら3つの歯車がぴたりと組み合わさり、うまく回転する必要がある。

たとえば、大切なスキルを伸ばしても、それだけで競争力が身につくわけではない。たとえ情熱の向く事柄に秀でていたとしても、誰かが報酬を支払ってくれるとは限らない。同じ仕事を別の誰かがもっと安い給料でこなせたら？　あるいはそもそも、そのスキルへのニーズがなかったら？　これでは大きな競争力があるとはいえない（私は『カタンの開拓者たち』というゲームが大得意だが、そのスキルは市場からは必要とされない。貴重なスキルではあるものの、私がときどき開催するゲーム大会以外では重宝されない）。

情熱のおもむくままに突き進んでも、明るいキャリアが手に入るとは限らない。情熱はあっても、スキルがなかったり、他人と比べて手腕が劣っていたりしたらどうだろう？　それに、市場環境にむやみに合わせようとしても、長続きしない。看護師の資格を持った人材の需要が高くても、もしあなたがたまたま極度の潔癖性なら、あなたが看護師を目指すべきだとは限らない。

どれだけ需要があったとしても、適性を備えていて理念と合っていなければ、その分野で大きな競争力を発揮できないだろう。地に足をつけた現実主義と理念に後押しされた意欲をうまく合わせて、最高の結果をもたらすような分野を見つけるのだ。

だから、資産、大志、市場環境の3つを、互いに比べながら見極めよう。これをたびたび実行するとよい。キャリアの分岐点に差しかかるときには特に、3つの歯車をうまく組み合わせなくてはならない。

もしあなたが、どうやって歯車を組み合わせて動かせばいいのかわからず、少し行き詰まっているなら、複数の収入源を持つポートフォリオ・キャリアの手法を試してみると、助けになるかもしれない。複数の仕事や活動を掛け持つ「スラッシュキャリア」(「作家／起業家」のように区切る)を採用することで、自分のスキルが他分野でどう変換されるか、理解を深めることができる。

どの波に乗ればいいかわからない(中国語を話せるが、大学では機械学習を専門にしていた)、あるいは特定の波にどうサーフボードを乗せるかがわからない(環境にいい事業をするなら、太陽光技術か有機農業か？)なら、フルタイムの仕事に飛びつかないようにしよう。複数の活動に実験的に取り組んでみれば複数の分野を学ぶことができるだろうし、雇用主とつながりを築く機会も得られる。もしかしたら、キャリアパスによっては、このとき培ったつながりが将来、雇用主にとってもあなたにとっても役に立つかもしれない。

もし、ハード資産があって金銭的に余裕があるなら、もしくは、余裕はないが副業する覚悟が決まっているなら、異なる2つの仕事をパートタイムで掛け持ちしてもいいだろう。あるいは、1つの業界ではフリーランスとして働き、別の業界ではギグワーカーとして働くという手もある。この方法にはもう1つ利点がある。市場に予想外の変化が起こった場合（新型コロナウイルスのパンデミックの際のレストラン業界を考えてみるといい）、それに合わせて変化することができるのだ。

自分のポートフォリオを状況に応じて構築し直し、需要が高い市場に移る。パンデミックのときレストラン業界は、複数のメニューを開発して、それぞれ違うレストラン名をつけてフードデリバリーアプリに掲載し、異なる客層の顧客とマッチングできるようにした。変化が激しいときには、あなたも自分のスキルの「メニュー」で同じことができる。

不安定で、急速に変化し、未曾有の激動が起こるような今日の環境では、「仕事の安定性」は矛盾をはらむか、少なくとも時代遅れのものとなっている。副業が増えているのは、ライフスタイルや機会の問題だけでなく、多くの場合必要に迫られてのことだというのはご存じのとおりだ。いまの時代、生活費は高騰しているのに賃金は低迷している。だからこそ、スキルと市場環境が合致する場所を見つけなくてはならない。

資産、大志、市場環境を組み合わせる努力をするうちに、驚くようなかたちで目的を達成できることがある。私の話を少しさせてほしい。

私は長いあいだ、ビジネスが自分の資産、大志、市場環境に適するとは考えていなかった。高校時代はバーモント州のパトニー・スクールに通い、メープルシロップづくり、牛追いなどかなり実用的なスキルを習得し、認識論など実用的なテーマをめぐる先生たちとの討論に熱中した。大学と大学院では、認知科学、哲学、政治を学んだ。

世の中をよくするのが自分の大志だと信じるようになって、最初は、学者や文化人を目指そうとした。当時の私は飽きっぽく（これはいまも変わらない）、注意力散漫なせいで計画どおりに物事を進められなかった。

学問の世界では、思いやり、自己啓発、知の探求の意義について考えたり、書いたりして、永遠に刺激を受け続けられるだろうと思っていた。アイディアの実践を多くの人に働きかければ、もっと高潔な社会をつくれるのではないかと。

ところが、大学院は刺激に満ちてはいたが、ごくごく狭い分野の専門家を育てようとする気風や動機のうえに成り立っていた。学者が書くものは、普通は50人くらいの学界エリートだけを対象としていた。一般の人々に自分の考えを広めようにも、そんな学者への後押しはほとんどなかった。

こうして、何百万もの人々に幅広い影響をおよぼしたいという私の志は、学問の世界という市場環境に阻まれて砕けた。

私はキャリアの方向性を改めた。

新たに目指したのは、起業とテクノロジーの力によってよりよい社会を築くことだった（詳しくは次の第2章に譲る）。産業界への転身を考え始めた頃、NeXTなどの会社で働く大学の同級生に電話をかけてさまざまな質問をした。どんなスキルを学ぶ必要があるか（例：製品仕様書の作成など）、業界に入るにはどういった人脈を広げるべきかを知ろうとした。

アップルに入社してテクノロジー系の仕事に初めて取り組んでいたあいだ、製品の実物大模型をつくるため、アドビの使い方を学ぶ必要に迫られた。大学院で哲学を学んでいた頃は、フォトショップに熟達するのが重要だとは、考えてもみなかった。フォトショップを学ぶのはやはり少し退屈だった。だが、製品開発の道で生きていくために必須だった。人材市場の現状と自分の本来の興味など、考慮すべき物事のバランスをとるには、取捨選択が避けられない。

テクノロジー業界でキャリアを積んだ後も、私はもともとの大志を捨ててはいなかった。

むしろ、大学院で研究した個人のアイデンティティやコミュニティ参加への動機といったテーマは、ソーシャルウェブ、オンライン・ネットワーク、マーケットプレイスなど、起業家としていま情熱を傾けている対象と関係している。それらのようなテーマに長年にわたって興味を持ってきたからこそ、壮大なインターネット・プラットフォームを創造するための業界スキルが身につき、差別化を図ることができたのだ。

2009年には、キャリアを少し軌道修正して、ベンチャー投資も手がけるようになった。このときも、自分の資産を拠《よ》り所にして、シリコンバレーという自分が置かれた環境の中で大志の実現を目指した。

私は数々の大がかりな事業拡大（ブリッツスケーリング）を手がけてきたから、この点が、ファイナンス畑出身、あるいは限られた事業経験しかないベンチャー・キャピタリストとの差別化につながっている。起業家と組んで彼らの成功を後押しするうえで大きな武器になっているのだ。

しかも、人間社会の巨大なエコシステムをつくっている起業家たちと一緒に仕事ができるので、社会の大々的な改良に貢献できる。これは社会によい影響を与えたいという私の望みを実現するものだ。文化人として私の大志に一致する仕事もできている。

さらに私は本の執筆だけでなく、ポッドキャストの配信もしている。苦労しながら学んできたアイディアを共有したり、ソーシャルネットワークでつながっている人々にインタビューしたりもする。そしてポッドキャスト仲間のマーク・マロンと同じく、バラク・オバマ元大統領にインタビューする機会まで得ることができた。インタビューの場所は、ガレージではなかったけれど。

時とともに価値が増す「成長ループ」

3つの歯車が噛み合って回り出し、キャリアを前進させ始めたなら、惰性のまま進むべきだろうか？　それとも競争上の強みをさらに育てるために何かできることはあるのだろうか？

もちろん強みを育て、高めることはできる。だが、そのためには資産、大志、市場環境の連携が生み出せるものについて、より高度な戦略的思考が必要となる。

シリコンバレーのベンチャー投資家として、私とベンは強い「成長ループ」を持つインターネット事業に投資するのが大好きだ。

「成長ループ」というのは、複利価値――一過性の利益ではなく、時とともに価値が増す――

を生み出すビジネスの特徴だ。

リンクトインで言えば、ユーザーが新しい人脈を追加する過程が成長ループの1つだ。私は、ユーザーが自分のアドレス帳をアップロードし、知り合いにすでにアカウントを持っている人がいるかどうか確認するというアイディアの開発に携わった。

これはいまではソーシャルネットワークで当たり前の機能だ。この機能をリンクトインに導入したことで、リンクトインのユーザーのつながりの平均数が急上昇した。格段に他の人とつながりやすくなったからだ。

ユーザー1人ひとりがつながりを築けば築くほど、つながるべき人を見つけやすくなり、それに応じて全員のつながりが密になる。リンクトインでのあなたの連携が密になればなるほど、サービスがより便利になる。

この成長ループの力こそ、リンクトインがこれほど価値ある企業になった大きな理由だ。

実は、ソーシャルメディア企業はすべて、似たような力の恩恵を得ている。あるサービスを利用する人が増えるほど、自分のブランドやつながりを構築したいユーザーにとって、そのサービスは価値を増していくのだ。結果として、その企業の市場価値も高まる。

インターネットベースでないビジネスであっても、成長ループはある。新規の顧客を呼び込んでくれる顧客（たとえば、たくさんのフォロワーがいるSNSで投稿をするなど）は、そうでない新たな顧客よりも重要だ。同様に、一度製品を購入した顧客がリピーターとなるような製品機能は、顧客に一回きりの購入しかもたらさない製品機能よりも価値が高い。

ビジネス全体を効率化する生産革新は、たった一部分の効率化を進めるものよりも意義がある。どんなビジネスであっても、成長ループは現在の利益だけでなく将来の利益も生み出すので、起業家は成長ループが大好きなのだ。

あなたが資産、大志、市場環境の正しい組み合わせ方を模索しているなら、あなたも同じようにキャリアの力を増強できる方法を探るべきだ。

成長ループが特別な理由の1つは、投資し続けなくていいことだ。歯車を一度回転させれば、あとは勝手に回ってくれる。だから同じようなドミノ効果を得られそうなキャリア資産について考えてみよう。ドミノを一個倒せば、他のドミノも続けて倒れる。いくつかアイディアを挙げてみよう。

●人とのつながりを広げるスーパーコネクターとの関係

あなたが仕事で構築する人間関係は、一方通行の行き止まりなのか、人脈の高速道路につながる入り口だろうか？　影響力がとても大きな人もいるので、そういう人とつながることができれば、他の扉もおのずと開くだろう。

● 自分のブランド化に役立つ資産

あなたのキャリアを印象づける出来事が起こったら、何らかの発信をするのが理想的だ。物音を立てなければ、あなたのキャリア上の動きは、森で倒れる一本の木のように誰にも感知されないだろう。もし、あなたが築こうとしている資産が、ブログ、ポッドキャスト、ユーチューブなどに適しているなら、自分の能力について幅広い層に認知してもらえるかもしれない。寝ているあいだにキャリア資本を蓄えられるだろう。

● 全体的なネットワークの強化

知人が増えれば増えるほど、紹介してもらえる人も増える。最も強力な成長ループだ。

だから、複合的な可能性を見出せるまで、資産、大志、市場環境のさまざまな組み合わせを試してみてほしい。もちろん、与えられた仕事に対して「より速い、よりよい、より価値のある」仕事を提供できることは、あなたの競争力を高めるだろう。

だが、得意なこと、理念、市場のニーズが交わる場所で成長ループを見つけられたなら、さらによい競争上の強みを手に入れたことになる。ロケットのようなキャリアを手に入れられるだろう。

資産、大志、市場環境の3つの歯車が活きるのは、優れたプランに組み込まれたときである。次の章では、プランニング、修正、そして実行というテーマを掘り下げていく。この章の締めくくりとして、次のステップとなりそうなアイディアをまとめておきたい。

自分に投資しよう

明日すること——

☑ 以下に述べる簡単なワークを試してみよう。まず、白紙を3分割して列を3つつくる。最初の列には、他人には難しいが、自分にとっては簡単に取り組める課題を書き出そう（スキル）。2つ目の列にはあなたが大切に思っていることを書き出そう（大志）。3つ目の列には、さくっとリサーチしてから、急成長している業界を書き出そう（市場）。

ここからがお楽しみだ。大志の列に書き出した項目のどれかが、スキルの列に書いた項目と関連しているだろうか？　そうであれば素晴らしいが、そうでない場合には、もっと得意なことや大切なことを書き出して結びつきが見つかるまで、ブレインストーミングをしてみよう。

それから、大志とつながりのある資産が、ある業界にとって関係があるかどうかを考えてみよう。関連性が見つかれば方向性も見えてくる。

このワークを完全にこなすために、どういうことをもっと調べなければならないかメモを取ろう。

☑ リンクトイン上で自分のプロフィールを書き直そう。簡単な自己紹介をとおして強みをわかりやすく伝えるのだ。「〇〇〇（スキル、経験、長所など）があるため、△△△（同じ業界に属する特定タイプの人材）よりも×××（職種や仕事の種類）に強みを発揮できます」と主張できるのが望ましい（もちろん必ずしもこの言葉や語順でなくてもいい）。

☑ 仕事で付き合いのある人々なら、あなたの競争上の強みをどう表現するかを考えてみよう（彼ら彼女らは右の文章をどう埋めるだろうか）。その表現が、あなたが書いた中身と食い違っているなら、あなたは正しく自己評価できていないか、自分をうまくマーケティングできていないか、どちらかだろう。

来週すること——

☑ 自分と似たような大志を掲げて懸命に努力する人を3人見つけて、彼らと自分を比べよう。彼らは何を差別化要因にしているだろう？　これまでの道のりは？　彼らのプロフィールを分析してみよう。

彼らの発信する情報に目を通そう。彼らの仕事人としての進化を追いかけ、そこからヒントやひらめきを得よう。

☑ リンクトインやツイッターでいまの勤務先や興味のある企業のアカウントを探し、それぞれをフォローしよう。こうしておくと、新しい機会が持ち上がったときに気づきやすく、様子をうかがいやすい。

☑ 市場環境を踏まえながら自分の主なスキルを書き出そう。「人前で話すのを得意とする」と書くのではなく、「エンジニアリング関連のテーマについて人前で話すことにかけて、たいていの技術者よりも秀でている」というふうに書いてみよう。

来月すること――

☑ カレンダー、日誌、過去のメールなどを見直して、最近6回の土曜日をどう過ごしたかを振り返ろう。急ぎの用事がないときは何をしているだろう？　余暇の過ごし方からは、あなたの本当の興味関心や大志が浮かび上がってくるかもしれない。それを、「自分の大志はこれです」と人前で語る中身と比べてみよう。

☑ 「ほめられ日記」を書こう。他者からの評価を振り返ることで、自分の強みを知ることができる。同僚からほめられたら耳を傾け、どういう経緯でそのほめ言葉をかけられたのか、自分の行動を書き留めておこう。

☑ 成長市場や先行き有望なチャンスの探求に重点を置きながら、自分のソフト資産をどう増やすかプランを立てよう。もしかしたら、中国を訪れる、気候テックについてのカンファレンスに参加する、ソフトウェア・プログラミング講座を受けるといったプランが出来上がるかもしれない。自分のプランを信頼できる3人に送り、「確実に実行するよう発破をかけてほしい」と頼もう。

☑ 信頼できる3人と会い、あなたの最大の長所は何だと思うか聞いてみよう。彼らに何かアドバイスを求めるとしたら、それはいったい何だろう?

第2章

「変化への適応」はプランニングできる

21世紀の人生《キャリア》は、ルールがどんどん変わるスポーツに似ている。

うまく方向転換しよう。

後戻りの利く小さな賭けをし、
準備万端と思えるまで待ってはならない。

先のことを考えるのはよいが、
はるか先のことは考えてはいけない。

「ABZプランニング」をしよう。

キャリアの3つのタイプとは——一点集中キャリア、副業キャリア、ポートフォリオ・キャリアだ。

自分がプロのサッカー選手だと想像してみよう。

あなたはフィールドに踏み出し、とても重要な試合に臨む。客席からの大歓声に包まれる。意識を集中させて走り出し、はるか向こうまで続く芝生のピッチで位置につく。長さ100メートルにわたって完璧に刈り込まれた緑の芝の上で、あなたと10人のチームメイトは敵チームの11人に勝負を挑む。猛烈で過酷な試合は90分続く。


あなたのチームは最初のキックオフの権利を得る。いつものように試合が始まり、どちらのチームも戦略を試しながら対戦相手の感触をつかむ。短く、コントロールされたパスで断続的にボールが動き、所有者は頻繁に変わる。

あなたがフィールド中央から宙高く長いパスを出すと、ストライカーがボールに向かって駆け出す――が、相手チームのディフェンダーに先制を阻止される。どうってことない、まだ試合は始まったばかりだ。

ところがそのとき、妙なことが起きる。客席から歓声が湧き上がっている。いったい、どうした。


歓声の理由がわかる。

主審がホイッスルを吹いて試合を中断させ、グラウンドキーパーがサッカーゴールをあと2つフィールドに運び込む。そしてフィールドの四方にゴールができる。

あなたがこの奇妙な事態をなんとか理解しようとしていると……別のチームがフィールドに入ってくる。

これまであなたと戦っていたチームは11人の新しい選手に駆け寄り、交じり合い、22人のチームをつくる。対するあなたのチームはたった11人。

いったい何が起きた⁉　とあなたは考える。

試合を再開する前に、審判はそれまで使っていたボールを、大きな2つのメディシンボール（訳注：リハビリやトレーニングに使われる重いボール）と交換する。またホイッスルが鳴る。試合再開。

あなたのチームメイトはうろたえた野生動物の一団のように走りまわる。何人かはよく弾む巨大な2つのボールを別々のゴールめがけて蹴ろうとするが、とても無理だ。

他の何人かは観客席に入って運動選手のような見た目のファンを探し、チームに入らないかと誘う。数で負けないようにするためだ。あなたも同じことをする。さあ、これで名目上は対等になった。22人対22人。

しかし、また驚きの展開が訪れる。敵チームは足だけでプレーするのをやめる。2つのメディシンボールを手でつかみ、互いに投げ合いながらゴールに近づいている。審判が介入してくれればいいのに。思ったとおり、審判がまたホイッスルを鳴らす。

ああ、よかったとあなたは思う。妙な悪ふざけが度を越しただけだ。これでサッカーの試合に戻れる。いつもやってきたやり方で。

いや、そうはいかない。チームメイトがまたボールを追い始める。ボールをつかんでロングパスを出す。何人かはコツをつかみつつあるようだ。他の者たちは楽しんでいるようにさえ見える。あなたのチームはいくつかゴールを決め、相手チームも得点する。

でもあなたは適応できない。フィールドの真ん中に突っ立って、身動きすらできずにいる。他の選手はあなたよりずっとうまくやっているのに。

もう予想がついたと思うが、このサッカーのシナリオは、21世紀にキャリアを積むとはどういうことなのかを示すたとえ話だ。

ルールは変わる。あっという間に。意外で、想像すらできなかったような突飛なことが起きる。ライバルは突然現れる。テクノロジーが職場を混乱させる。仕事も、業界自体も消える。

仕事の構造そのものが変わり、まったく新しい職業が生まれる。

2000年代初めに、数年後にはメイクアップのやり方の説明動画を投稿すれば儲かると聞いて、信じた人がいただろうか？　いるわけがない！

目まぐるしく変わる世界で成功する人もいれば、しない人もいる。この環境で人生《キャリア》を切り拓いていくには、どうすればよいのだろう。

プランを立ててそれに従うべきか、それともしなやかさを失わずにいるべきか？

自分の気持ちに従うべきか、それとも市場の声に耳を澄ますべきか？

常に「両方」必要だというのが答えである。そもそもこれらを選択肢として並べるのが間違っている。

起業家も、不合理にも2つに1つを迫られることが多い。

彼らの下には、「自分のビジョンの実現に向けて、休むことなく初志貫徹しなくてはいけない」「市場の声をもとに事業に変更を加える心構えを常に持っているべきだ」といった相反する意見が色々なところから届く。

波に乗るスタートアップは、両方を実践している。彼らはしなやかさを失わずに粘り抜く。創業者は自分の理念やビジョンに合った会社を興すが、環境に適応するための柔軟性も持ち続ける。顧客の意見をしきりに気にする一方、それに従うべきではないタイミングを判断する。大まかなプランはつくるが、状況によってはプランにしがみつかずに、機転を利かせて臨機応変に行動をとる。そしていつでも、市場で真の競争力を培おうと奮闘している。

あなたは適応《アダプト》しなければならない。本章では、あなたが先ほど出てきたサッカー選手のようにフィールドの真ん中で立ちつくすはめにならない方法を述べる。周りのすべてが変わっていくのに、フィールドに突っ立ち、身動きもできない選手にはなってほしくない。ゴールを決めてほしい。たとえメディシンボールを使ってでも。いや、むしろその新しいルールに乗っかって。

スタートアップは方向転換《ピボット》する。キャリアも同じだ

組織が使う通信プラットフォームとしてひときわ人気の高いスラック。毎日の利用者数は

1200万人を超える。もっとも、創業者は協力的なコミュニケーションと仕事のやり方で革命を起こそう、などというミッションを持っていたわけではない。それどころか、2009年にタイニー・スペックという会社を設立したとき、スチュワート・バターフィールドとカル・ヘンダーソンは、こんな事業を展開することになるとは夢にも思っていなかった。

大規模同時参加型オンラインロールプレイングゲーム（MMOPRG）を開発するつもりだったのだ。

そのゲームの名前はグリッチ。幻覚のようなバーチャルファンタジーの中で、プレイヤーは11人の夢見る巨人になりきり、自分たちの世界をつくっていく。「幻覚を見ているイギリスのコメディグループ『モンティ・パイソン』と、アメリカの人気絵本作家ドクター・スースをかけ合わせた」ゲームと評された。[1] たしかにクリエイティブではあるが、需要はあるのだろうか？

グリッチには競争相手とは一線を画す要素が1つあった。戦闘ではなく協力に主眼を置いた点だ。

しかし市場で競争するうえで、その要素は結果的に不利に働いた。たいていの人がMMOPRGに求めるのは大殺戮だったからだ。

2011年に発売されたグリッチは熱心なファンを獲得したが、タイニー・スペックが調達した1500万ドルを超えるベンチャー・キャピタルからの投資に利益をもたらすには、ファンの人数は少なすぎた。ゲームの立ち上げからわずか1年で、バターフィールドとヘンダーソンはサービスを終了させた。彼らのあらゆる期待と努力は水泡に帰したかに見えた。

2人の創業者はがっかりしながらも、何か回収できるものがあるはずだと考えた。事故のあと、廃車から金属くずを売ろうとする車の所有者のように。残ったチームとともに、グリッチが残したものを検証し、別の用途に使えるものがないか調べた。

どのみち、バターフィールドがオンラインゲーム事業で失敗したのはこれが初めてではなかった。2000年代初め、当時の妻カテリーナ・フェイクと立ち上げた「ゲーム・ネバーエンディング」も十分な顧客を獲得できず頓挫したのだ。しかし、彼らはそのゲームで最も人気のある特徴——写真共有——にチャンスが隠れていることに気づき、方向転換した。ゲーム・ネバーエンディングを、一時流行した写真共有ウェブサイト「フリッカー」に変え、のちにヤフーに売却したのだ（フリッカーはまだ存在するが、フェイスブックとインスタグラムの時代において、もう主要な写真共有サイトではない）。

今度もバターフィールドは幸運をつかめるだろうか？

よかった。グリッチの開発過程から、興味深い副産物が見つかった。各所に散らばる社員同士の社内コミュニケーションを円滑にするために、タイニー・スペックの開発者たちは、内部チャンネルをもとにしたメッセージツールを急ごしらえしていたのだ。ファイル共有と、履歴検索ツールと、社内コミュニケーションの問題に臨機応変に対処するさまざまな機能を備えたツールだ。

バターフィールドは、社内コミュニケーションの問題を解決したがっている企業がたくさんあることに気づいた。そこで2014年、革新的なコミュニケーションツールを開発するための資金調達ラウンドを始めた。「スラック」というツールだ。

スラック（Slack）とは、「すべての会話と知識が検索可能なログ《サーチャブル ログ オール コミュニケーション アンド ナレッジ》」の略称である。

あらゆる規模の新規ユーザーと企業が、蜂蜜に群がるアリのようにスラックに押し寄せた。スラックは社内デジタルコミュニケーションの新しい基準を確立し、史上最も成長の速いスタートアップの1つになった。2020年、セールスフォース社はスラックをなんと270億ドルで買収した。

グリッチはそれほど誤作動《グリッチ》しなかったわけだ。

スラックは、創業時の計画にはまったくなかったにもかかわらず、想像しうる中で最高の結果をもたらした。

スラックの進化の跡は、シリコンバレーの成功ストーリーであるだけではなく——いや、成功ストーリーそのものだが——鮮やかな適応を果たした生きた事例でもある。

創業者たちは休みなく走り続け、市場の現実が突きつけられるたびに新しいことを試し、そこから得た教訓をもとに速やかにプランを変更した。


これとまったく同じ戦略を、強い感動を呼ぶような人生《キャリア》を送る人物たちも採用している。シェリル・サンドバーグもその1人だ。彼女はフェイスブックに14年間勤め、2022年6月の退任までCOO（最高執行責任者）として日々の業務運営を取り仕切った。『フォーチュン』誌からは、産業界で最も影響力ある女性の1人に選ばれた。

「これほど輝かしい足跡をたどってきた人なら、自分の目標や大志を最初から意識していて、それらを達成するために、綿密で野心的なキャリアプランに従ってきたのだろう」と思うかもしれない。

しかし、まったくそうではないのだ。

理想に燃える経済学部生だった彼女は、いつの日か自分が民間企業で働くとは、まして世界で有数の価値を誇る企業の経営者になるなどとは、想像さえしなかった。サンドバーグが社会人としての第一歩を踏み出したのは、シリコンバレーからは地の果てほども遠いインドである。世界銀行の公衆衛生プロジェクトに携わったのだ。「恵まれない人々のために尽くして世の中を変える」という深い信念に沿った最初の仕事だった。

サンドバーグが育った家庭では、政治に関わることは、食事をしたり、呼吸をしたりするのと同じくらい当たり前のことだった。医師だった父親は休暇のたびに家族を連れて発展途上国を訪れ、現地の貧しい人々に無償で手術をほどこした。母親は旧ソ連の反体制派を支援するために、石けんに見せかけたホワイトチョコレートの密輸入を助ける運動に加わっていた。ホワイトチョコを闇市場で売れば、反体制派の人々は喉から手が出るほど必要とする資金を得られたのだ。

サンドバーグは、自由と大きな機会のある国アメリカに生まれた幸せを痛感し、なんとかしてそのお返しをしたいと強く願うようになった。

その大志は社会人としての第一歩を踏み出すサンドバーグを1つの方向に導いたが、別の方向からも機会が訪れ、増え続ける資産を活かす場所も変化した。そして、彼女が持つ多くの資産に対する市場の需要も変わっていったのだ。

世界銀行で何年か働いた後は方向転換して公共の仕事を離れた。ハーバード・ビジネススクールに入学して、MBA（経営学修士号）を得たのだ。学窓を巣立つとビジネスの世界に飛び込み、経営コンサルティング会社のマッキンゼーで1年働いたが、「企業で職歴を積むのは自分には合わない」と感じた。

こうしてふたたび方向転換を図り、今度はワシントンDCに赴いて1996年から2001年まで、ローレンス・サマーズ財務長官の主席補佐官を務めた。

インドの貧民に医療・保健サービスを施す仕事ではなかったが、多くのアメリカ人の暮らしを向上させる政策の立案を手伝うことができた（ちなみに、サマーズの下で働いたのは偶然ではなかった。かつて経済学の教鞭をとっていたサマーズは、サンドバーグにとって学生時代の恩師にあたり、世界銀行へ引っ張ってくれた人物でもあった。サンドバーグはいつでも、次のチャンスを見つけるために慎重に自分の人脈を活かした。詳しくは後述する）。

2001年にクリントン大統領が退任すると、サンドバーグは財務省で会ったことのあるグーグルのエリック・シュミットCEO（当時）に、次はどのような道へ進むべきか助言を求めた。さまざまな選択肢の長所と短所を詳しく並べ、ある選択肢について触れると、シュミットはこう語ったという。

「いやいや。つまらない分野はよしたほうがいい。成長著しい分野に行くことだ。急成長するところにはチャンスがあふれているからね」[2]

これはとても貴重なアドバイスである。前章でも述べたように、もともと勢いのある市場で働くことは最良の選択肢の1つだ。大きな波に乗るべきなのだ。

2002年にこの条件に当てはまる企業といえば、熱い火花を散らす21世紀の情報革命の中心、グーグルだった。サンドバーグはシュミットの誘いを受け、グーグルに入社してグローバル・オンライン・セールス&オペレーション部長に就任した。

彼女の指揮の下、カリフォルニアを拠点とした人員わずか4人のチームは、数千人を擁するグローバル組織へと拡大し、アドワーズとアドセンスという2つのオンライン広告サービスを発展・成長させるうえで大きな役割を果たした。

これらサービスはいまなお、グーグルの収益のかなりの部分を稼ぎ出している。

サンドバーグのキャリアを振り返ってみよう。公共セクターから民間セクターへ、そして連邦政府の重要ポストからシリコンバレーの新興ベンチャーへ。これでは、行き当たりばったりな印象さえあるかもしれない。

実際には、サンドバーグはジグザグに進んでいたのではない。ある点から別の点へと直線を描いていたのだ。

彼女の持つ資産と大志、市場環境の相互作用に照らせば、どの動きもみな理屈に合っていた。経済学の素養は、新種のオンライン広告の販売モデルを築くうえで有用だっただろう。彼女の磨き上げられた経営手腕は、急成長を遂げる企業に役立つだろう。しかもグーグルの事業は、「よりよい世界を実現する」という理念に根差している。

この会社で6年働いた後、サンドバーグはマーク・ザッカーバーグに請われてフェイスブックのCOO（最高執行責任者）に就任した。

スラックとシェリル・サンドバーグが通ってきた道のりには共通項がある。どちらも、世の中で前提とされている「成功への道のり」と違う道をあえて歩んでいるのだ。

スラックの軌跡は、「勝ち組スタートアップは彗星のように現れて、創業者の目の覚めるようなアイディアの力で世界を制する」という世間の見方に反する。

現実には、たった1つの秀逸なプランだけを実行する企業など一握りにすぎない。たいていは立ち止まっては進み、また立ち止まっては進むということを繰り返し、瀕死の経験を何度か重ね、かなりの程度まで環境に適応する。

ピクサーは、デジタルアニメ制作向けのコンピュータを販売する会社として出発した。映像制作に参入したのはしばらくしてからである。

スターバックスも、もともとはコーヒー豆とコーヒー用品の販売だけを手がけていて、コーヒーをカップに注いでお客さまに供するつもりはなかった。

これらの企業は、急流で予想外のカーブに出くわしても、その流れにうまく乗ったのだ。

サンドバーグの足跡も、「大成功した人々は、若くして天職を悟り、将来への青写真を描き、あとは輝かしい成就に向けて順当に駒を進めるのみだ」というキャリアについての思い込みを裏切る。

20代初めにキャリアプランをつくり、あとは脇目も振らずにそのレールの上を走り続けたわけではない。たくさんのドミノを並べて最初の1枚を倒し、あとは時とともに残りのドミノが次々と倒れていくのをただ眺めたのではない。

1つのキャリアプランに縛られずに、新たなチャンスが現れるたびにその価値を見定めた。

その際には、自分の増えゆく知力と経験、両方の資産を考えに入れてきた。

転身を図るときも、自分にとって本当に大切なものを決して見失わなかった。

「私がプランを持たないのは、プランがあるといまの選択肢だけに縛られてしまうからです」[3]と彼女は言う。

傑出したプロフェッショナルのあいだでは、サンドバーグ流は異端ではなく常識である。たしかにバラク・オバマは若くして大統領の座を視野に入れていたが、むしろそうしたタイプのほうが「異端児」だ。私たちの大多数は何度も方向転換しながら人生を送る。

イギリスのトニー・ブレア元首相は、こともあろうか1年ほど音楽業界でロックの広報宣伝の仕事に挑戦した後、政治の世界に入った。世界的ヒット映画に出演する俳優ドウェイン・ジョンソンは、かつてプロレスラーだった。いまや世界的なオペラ歌手となったアンドレア・ボチェッリには、弁護士だった時代がある。

素晴らしい人生《キャリア》は、素晴らしいスタートアップと同じように、「永遠のベータ版」である。つまり、いつまでも発展途上で、常に新しい選択肢に適応しているのだ。

ただし、頭に入れておいてほしいことがある。起業家精神の旺盛な企業や人は絶えず進化を続けているが、彼らは成り行き任せではなく秩序立てて判断を下しているのだ。

たとえ固まったプランはなくても、本物のプランづくりは進行している。このような適応性の高いしっかりした手法を、私たちは「ＡＢＺプランニング」と呼んでいる。

ＡＢＺプランニング

ＡＢＺプランニングは、試行錯誤をよしとする適応性の高い手法だ。準備ができていないのに、指針となる目標を見つけようと焦る必要はない。

またＡＢＺプランニングは、社会に出たばかりの頃に一度だけ行うようなものではない。ピカピカの新卒者にも、40代、50代の人にも、同じように重要である。人生《キャリア》には、出発点、折り返し点、ゴールがあるわけではなく、年齢やライフステージに関係なくいつまでもプランニングと適応を続けていくべきなのだ。

では、Ａ、Ｂ、Ｚは何を表すのだろう？

プランＡは「現状」を指す。いまあなたが競争上の強みをどう活かしているか、それがプランＡである。このプランを実践しているあいだにも、何かを学び、身につけながら、微調整をしているはずだ。何度もやりなおしをするのである。

プランBは、目標や目的、あるいはそこにたどり着くルートが変わった場合に採用するもので、一般にプランAと大枠では同じである。プランAからプランBに切り替えるのは、プランAではうまくいかないとか、いまよりも素晴らしい機会が見つかったといった事情によるだろう。

状況は変わることがあるのだ。ひとたびプランBに切り替えてその路線でいくと決めたら、今度はそれがあなたにとってのプランAとなる。いずれ新しいプランBが浮上するだろう。

サンドバーグにとっては、キャリアの1番初めは世界銀行がプランAだった。そして少し前の退任まではフェイスブックがプランAだった。プランBは、彼女が次に視野に入れていることだ。

プランZはいざというときの備え、つまり荒海に投げ出されたときのための救命ボートのようなものだ。もしプランの1つが失敗したり、キャリアプランがどれも行き詰まったりして、人生の方向性を大きく変えたい場合にも、安心でき、確実で、揺るぎないプランが必要なはずだ。

それがプランZである。「実家に転がり込んで職探しをする」とか、「明日からウーバーイーツの配達員をする」とか、やり方はなんでもある。

こうした備えがあれば、プランAやプランBに不透明さやリスクがあっても、受け入れて挑戦することができるだろう。

■2手先を考える（3手先ではない）

一足飛びに到達できるような目標はあまり意味がないし、野心的ともいえない。

また逆に、あまり先のことまで考えすぎるのもよくない（月ロケット発射のように壮大なプランは、莫大な資金を持つ企業のものだ。たとえばイーロン・マスクとジェフ・ベゾスは火星を植民地化する長期プランを立てている）。

繰り返しになるが、あなたも、世の中も、競争相手も変わるだろう。このような理由から、ABZプランニングではプランC、D、Eを想定していないのだ。

いちばん望ましいのは、2手先までを考えてプランをつくっておくことである。アナリストから1段上への昇進を望めば、それをきっかけに主要な経営幹部との関係が築けるかもしれない。あるいは、昇進を求めて上司に直談判する前に、まずは高度な財務管理を学ぶために夜間コースを受講するかもしれない。副業として、週末に農産物の直売所でパンの屋台を出したいなら、パンを売る場所を予約する前に、公衆衛生局の条例を知る必要がある。

時として、目標への最初の一歩は拍子抜けするほど簡単だ。望みの業界の中心地に足を運び、人とのつながりをつくるところから始めたっていい。

最初の一歩、あるいは次の一歩さえもわからないというなら、幅広い選択肢につながりそうな第一歩を踏み出すべきだ。たとえば、できるだけ多くの選択肢を手に入れたいなら、経営コンサルティング業界に入るのが定石《じょうせき》である。というのも、コンサルタントのスキルや経験は、次にどう進むかわからない場合でも応用が利きやすいのである。

優れたプランAは、融通性が高く、さまざまなプランBへの方向転換を可能にする。

同じように、優れた第一歩は、それ以降の選択肢を増やしてくれる。そんな一歩が踏み出せるように準備を始めよう。いずれ充実感が得られる。

プランA：やってみないとわからない

ペイパルは、アメリカで決済のなんと20％を取り扱っている。ペイパルの革新的な技術の恩恵により、世界中の人々が全体として数千億ドルもの金額を、ネット上で瞬時にしかも安全にやりとりしている。

この会社は2002年にIPO（新規株式公開）を果たし（ちなみにこの年は他に1社しかIPOをしていない）、不景気にあえぐテクノロジー業界の希望の光となった。その年のうちに15億ドルでイーベイに買収され（2002年の時価総額は3000億ドルを超えていたから、かなりのお買い得だ）、シリコンバレーの偉大なる成功ストーリーの主役となった。ところが、ペイパルが当初掲げていたプランAは、いまの姿からは想像もつかないようなものだった。

1998年にプログラマーのマックス・レヴチンがトレーダーのピーター・ティールと組み、「デジタル・ウォレット」の開発に乗り出した。これは携帯電話に現金や情報を安全に保存しておくための暗号化ソフトウェアである。

このソフトウェアはすぐに進化して「パームパイロット」の製品第1号に搭載され、デジタル・キャッシュを無線通信で安全に送受信する役割を果たすようになった。たとえば、友人と2人で食事をした際に、PDA（携帯情報端末）を使ってワリカンができるのだ。

レヴチンとティールの持つテクノロジーと金融の経験を活かした、気の利いた着想だった（創業者2人は相補しあう資産を持っていたから、それが競争上の強みとなった）。彼らは「自信

（confidence)」と「無限（infinity)」を組み合わせて、社名を「コンフィニティ」とした。まさに大成功。

と思いきや、パームパイロット自体の売れ行きはいま一つだった。

そこで2人は巻き直しを図った。パームパイロットや他の携帯電話アプリケーションを必要としない、オンライン決済サービスを開発したのだ。

相手がメールアドレスを持ってさえいれば、誰にでもネット上で安全に送金できるしくみである。送金を受けた側では、それを無線通信で銀行口座に転送できる。

このサービス「ペイパル」の利便性をいっそう高めるために、クレジットカード対応もなされた。事業用の口座がなくても、汎用的でわかりやすいインタフェースを使って、ネット上でクレジットカード決済ができるようになった。

コンフィニティは、パームパイロットのアプリを通じた個人間の送金サービスと、ネット送金サービス、両方をいち早く実現したが、パームパイロット向けは期待したほどは普及しなかった。広く使ってもらえる用途を見つけるのに苦労した。普通の人は、無線通信かつ電子でお金をやりとりするのに慣れていなかったのだ。

つまり、ペイパルのプランAは行き詰まっていた。これ以上は軌道修正できず、ちょっとした賭けさえもできなかった。苦い教訓だらけだった。とはいえ、右肩上がりの成長を続けるオークションサイト、イーベイのおかげで、万事休すにはならなかった（以後の展開については後から述べる）。

この少し前、私は自分の人生《キャリア》でこれと似たような岐路に差しかかっていた。学究の道から逸れた後の私にとっては、コンピュータ業界に進むのがプランAだったが、1つ大きな心配があった。シリコンバレーのような世界で他の人たちとしのぎを削るのにふさわしいスキルが自分にあるか、わからなかったのだ。

「何百万もの人々の人生をよりよくするために使えるテクノロジーを生み出したい」という大志は抱いていた。インターネットの利用経験を持つ人たちのあいだでは、需要が拡大しているのは明らかだった。しかし、人気サービスを生み出すだけのスキルがあるだろうか。それだけの人とのつながりをつくれるだろうか。

答えを探るため、私はまず挑戦した。友人の友人のつてをたどって、クパチーノに本社を置くアップルに就職したのだ。

最初はユーザー・エクスペリエンス部門の所属だったが、働き始めてしばらくすると、製品やデザインよりも、製品と市場の相性のほうが大切だと気づいた。貴重で素晴らしいユーザー・インタフェースを開発するのは可能だし、アップルは間違いなくそれを実現していたが、顧客が必要性を感じず、欲しいとも思わなければ、買ってもらえない。

たいていの企業と同じくアップルでも、製品と市場の相性はユーザー・エクスペリエンス部門ではなく製品マネジメント部門の担当だった。

そして、ソフトウェアをつくる企業の大半は例外なく、製品マネジメントがとても重要だ。この分野で経験を積めばキャリアの市場価値は高くなる。

こうして、黎明期《れいめいき》のペイパルがデジタル・ウォレットからオンライン決済サービスへと方向転換したのと同じように、私はアップルの社内で製品マネジメント部門への異動を試みた。プランの微調整は行ったが、「新しいプランA」に飛びついたわけではない。目標はあくまでも、何百万もの人々に影響を与えるテクノロジーを生み出すことだった。

ところが、この部門に移るには製品マネジメントの経験が必要とされた。これはよくあるジレンマである。「要経験」の仕事に応募するには、そもそもどうやって経験を積めばよいのだろう？

私が思いついた打開策は、本来の業務のかたわら、無給でその職務を買って出るというものだった。アップルのグループ製品マネジメント部門の責任者、ジェームズ・アイザックスをつかまえて、「いくつか製品アイディアがあるのですが」と話しかけた。本来業務をおろそかにせず、空き時間に製品アイディアを資料にまとめて提出すると申し出て、そのとおりにした。その資料に製品マネジャーが目をとおして、意見と励ましをくれた。

私は職務を変えずに後戻りの利く小さな賭けをして、幸運にも成果を上げたのである（これは、いまの業務に集中しつつ、社内でポートフォリオ戦略や副業戦略を活用すれば、目標達成に役立つという証拠でもある。私は試行錯誤しながら社内で方向転換していた）。

この経験からは、「自分には、テクノロジー業界でやっていけるだけのスキルと直感やひらめきがある」という手ごたえが得られた（これは「資産」になる）。当初の担当業務よりも、製品マネジメントのほうがテクノロジー企業の主流に近いこともわかった（「市場環境」の感触を得た）。

そして、製品マネジメント分野の経験こそ、ビジネスの世界の頂点へと私を導き、ひいては「世界を変える」というビジョンを実現する助けになるものだとも気づいた（「大志」だ）。

これら貴重な教訓はどれも、業界に足を踏み入れなければ決して得られなかったはずである。私は情熱を追いかけたのではない。徐々に人生戦略《キャリア》を見出し、つくり上げていたのだ。アップルに勤務してほぼ2年が過ぎた頃、富士通に転職して、在シリコンバレーの製品マネジャーとなった。テクノロジー業界で自分を試していたのだから、依然としてプランAの延長線上にいた。だが、この期間もずっと、次にやりたいことに備えて資産を増強し、大志をよりたしかなものにしていった（プランBだ）。

プランB：学びながら方向転換する

プランAを絶えず修正していても、「もっと大きな変更が必要だ」と感じる場合があるだろう。そうなるとプランBへの転換の時機である（ポートフォリオがあるなら、優先事項の並び順を変えて、いま熱意を傾けたい取り組みにより多くの時間を割く）。

ここでのキーワードがまだ「プラン」であることを心に留めておいてほしい。

方向転換とは、適当に行き先を変えるのとはわけが違う。これまでに学んだことをもとにして、方向や、目的地への道のりを改めるのだ。[4] 方向転換によって別の進路へ移ったら、今度はそれがプランAとなる。たとえレーザー光線のように一点に集中したキャリアを歩むと決めていても、市場環境の変化に合わせて焦点を変えなければならないだろう。

ペイパルがプランBへと方向転換したのは、一か八かの実験をしたのではなく、イーベイに影響を受けた結果だ。

当時イーベイは、個人と個人が取引するマーケットプレイスの中でいちばん流行っていた。ところがオークションには代金の授受が欠かせなかった。落札者が別の都市に住む出品者に小切手か郵便為替を送らなくてはならなかったのだ。これでは不便で時間がかかるうえ、信頼性も高いとはいえなかった。イーベイが拡大するにつれて、出品者のあいだで代金回収法への苛立ちが募っていった。もっと効率よく代金を受け取りたかったのである。

イーベイの落札代金の決済にペイパルを使おうとする人が増えているのがわかったとき、ペイパルの関係者は最初、「いったいなぜだろう」と首をひねった(もともとはモバイル機器を使った決済を想定していたことはすでに述べた)。この驚きはすぐに、「彼らが主な顧客層なのだ!」という発見に変わった。新しい関連情報から意味を引き出したのだ。

プランBに方向転換して「イーベイの利用者に、落札代金の手軽な決済手段を提供する」という目的を掲げるべきだ、という気づきが生まれた。

こうして1999年、ペイパルはパームパイロット対応のアプリケーション（当初のプランA）から撤退して、イーベイ向けサービスに特化した。

プランBは、オンライン・チャットのアプリケーションのような、畑違いのものではなかった。あくまでも創業時からの暗号化技術を拠《よ》り所としながら、手堅そうな市場ニーズを掘り起こそうとしたのである。


偶然にも、私のキャリアプランBとペイパルの事業プランBとは接点があった。ペイパルが普及を始める数年前、私はアップルと富士通での勤務を経て、隣接した起業の世界に足を踏み入れて会社を興そうと決心していた。1997年に、デートサイトのソーシャルネット・コムを共同創業したのだ。

当時、私のプランAはこのソーシャルネットだった。本業のかたわら私は、ペイパルを軌道に乗せるために創業者レヴチンとティールを手助けしていた。電話がかかってくればたとえ真夜中でもその日のうちに必ず折り返すと約束し、創業当初の取締役会にも名前を連ねた。

胸の内には2つのプランBがあった。1つは、ペイパルとのつながりを深めて常勤になる案。もう1つは、テクノロジー業界で万能型《ジェネラリスト》の職に就く案である。

ソーシャルネットを興した経験があるから、どちらも自然な方向転換だと思えた。ソーシャルネットは2000年1月にサービスを停止するのだが（この経験はとても多くの教訓をもたらしてくれた）、そのおよそ1年前に私は、常勤としてペイパルに参画する気持ちを固め、上級副社長に就任した。

ペイパルのプランBと私のキャリアプランBはどちらも吉と出た。ペイパルにとって、イーベイ利用者向けのオンライン決済は見事な勝ち筋となった（他の顧客層にも広まっていった！）。

だからといって以後は順風満帆かというとそうではなく、むしろ逆だった。ペイパルはビジネスモデルを改め、幹部クラスの人材を新たに招き、他社と合併し、不正行為のせいで巨額の損失を抱えた。

売上がゼロであるにもかかわらず1200万ドルもの支出をした月があり、おそらくこの時期がどん底だったと思う（あまりに悲惨な状況だったから、当時私はティールに、仮に現金をつかんでビルの屋上から撒く作業を1日続けても、会社の現金がなくなっていくスピードには到底追いつかないだろうと言った）。

経営チームはこのような窮地に柔軟に対処して、そこから教訓を得る一方、さまざまな通貨でのオンライン決済サービスを実現するというビジョンを粘り強く追求していた。

私は自分の人生《キャリア》でも似たような窮地に陥ったが、難題はどれもありがたい教訓をもたらしてくれた。スタートアップのスピードにどう適応するか、あるいは適材をどう惹きつけ採用するか。よい焦りと悪い焦りの違いは何か。自分の資産、大志、市場環境がどのように作用し合うのか。

ペイパルでの経験から得た学びは、次の方向転換への備えとなり、私はふたたび自分の会社を興そうとした。それがリンクトインである。

■プランBを見つける――体験をとおして学ぶ

プランBへの方向転換が必要なとき、実現可能な道を探す方法は、すぐにわからないことが多い。

ほとんどの起業家は、次のようなやり方で未知の領域へと進んでいく――彼らは試行錯誤をとおして具体的な仮説を確かめるのだ。認知・学習の専門家なら誰でも、「実用的な知識を身につけるなら、考えたり、プランづくりをしたりするだけでなく、実践するのが何よりの方法だ」という起業家の本能に同意するだろう。

タイニー・スペックがグリッチを生み出し、それをスラックに変身させたのはじつに見事なプランBだった。

タイニー・スペックは、革新的な大規模同時参加型オンラインロールプレイングゲームをつくっていた。そのチームのコミュニケーション体制が整っていたことは、ごく当たり前に思っていたのだ。

だがサービスを開始し、グリッチの利用者数が少ないことに気づいた。ともに働いた歳月の中に別のイノベーションの痕跡がないか探してみて初めて、チームがすでに価値あるものを生み出していたとわかった。本当の宝の山が見つかったのはそのときだ。

私の話で言えば、リンクトインでは当初、招待制、つまり会員が信頼できる知り合いを1人ひとりメールで招待するかたちを想定していた。ところが実際には、クチコミを広めるには、会員にアドレス帳をアップロードして知り合いを探してもらうのがいちばんの近道だったのだ。

プランBは試行錯誤の中から見つかる。

キャリアプランも同じである。正しいプランBを見出すには、新しい経験を求めなければならない。私はビジネスの世界に転身するとき、「複雑なことを記憶して抽象的な中身を理解する能力が、自分の競争上の強みだ」と思い込んでいた。

しかし、現実に働き始めて熟考すると、個人の心理と社会の力学の両方について、壮大なスケールで同時に考える力こそが、ネット業界における自分の最大の強みだと気づいた。

もちろん、「実践」は場当たり的にやるものではない。あなたが手を加えるプランBは、自分の資産を活かして大志の実現へと近づくための、市場環境を踏まえたものであるべきだ。だから、それぞれについて知識や経験をもとに仮定を立てる。「自分は○○を得意としていて、△△に意味を見出している。そして市場は××を必要としているはずだ」というように。

行動することが目的になってはいけない。これらの仮説を試し、その結果を分析するのだ。あらゆる機会に人とのつながりを使わせてもらおう。あなたが実践をとおして学ぶ適切なチャンスを見つけたら、適応するのを周りの人たちに手伝ってもらおう。

ABZプランニングはどれも例外なくこのような仮定の上に成り立っている。優れたプランは仮定がはっきりしているから、時とともに経過を確かめられるし、状況が変わり始めたら気づくことができる。

たとえば、「プランBがうまくいくためにはこれが正でなくてはいけない」という事柄は、明確にしたほうがよい。あなたの行動は、資産、大志、市場についての仮説を証明または反証しようとするものであるべきだ。

プランBとして医薬品業界に飛び込んでも、やっていけるかどうか自信がない？　ならばファイザーで6ヶ月間インターンとして働かせてもらい、相性を探ろう。

いまの仕事よりマーケティングか製品開発のほうが向いているのか、確かめたい？　勤務先にマーケティングや製品開発の部門があるなら、手弁当での応援を買って出よう。

どんな場合でも、自分の仮定が正しいかどうかを現実と比べて判断する材料は、プランではなく思慮深い行動からもたらされる。そうすればプランBが見えてくる。

実地をとおして学ぼう。学んだことをもとに物事を進めよう。

■持てるすべてではなく、一部を賭ける

試行錯誤を前提としてプランBを見つけようとすると、当然ながら時として失敗もあるだろう。でも失敗するのは当然のことだから、がっかりすることはない。

試行「錯誤」はそもそも誤りという意味を含んでいるのだ。だが、その誤りがいつまでも続

くとは限らない。プランBは中止、後戻り、さらに別のプランへの移行などもありえる。「誤り」を前提とするのだから、持てるすべてを賭けるのではなく、一部だけを賭けよう。ABZプランニングでは、本当の教訓が得られるかぎりは、挽回の利く失敗はしてもかまわない。少しずつ手直しをして、何かを経験するたびにそこから学びを得るのだ。

この方法のいちばん優れた特徴は、後戻りが利くということだ。まずは「お試し期間」を設けよう。本業を辞めずにおくのである。

学士号を取得したあと、私は学問の世界でのキャリアに興味を持ちつつも、それが本当に自分に向いているのかわからなかった。それでも奨学金を確保し、2年間オックスフォード大学で哲学を研究した。そしてわかったのは、哲学は性に合わないということだ。

小さな賭けだったが、私は多くを学んだ。そこから方向転換してカリフォルニアに戻るのは簡単だった。価値ある自己認識が私を導いてくれたのだ。

いつ方向転換《ピボット》するか：80％で飛び出せ

プランA（現状）からプランBへと方向転換すべきタイミングは、どう見極めればよいのだろうか。

部署、職種、あるいは業界を移る潮時はいつなのだろう？　いつコンサルタントとして独立すればいい？　いつポートフォリオを縮小してある程度の流れを断ち切り、最大のキャリア資本を得ればいい？

これらは人生を変える問いであるにもかかわらず、方向転換すべきか、現状にとどまるべきか、確信を持って判断できる例はまずない。取扱説明書はないのだ。

忘れないでほしいのは、ルールは常に書き換えられるということだ。例のメディシンボールを思い出してほしい！

テクノロジー業界から得られる一般的な教訓は、「市場での大きなチャンスには乗り遅れずに真っ先に飛びついたほうがよい」というものである。もっとも、方向転換すべきタイミングとなると、勘と科学の両方に頼らなければ見極めがつかない。直感的な判断と、集められる最上の意見やデータを組み合わせなくてはならないのだ。これについては、第6章で詳しく説明する。

普通は、プランBへ移るのは物事がうまくいっていないときだとされる。たしかにそういう例はよくあるが、必ずしもそればかりではない。いまのプランで行き詰っていなくても、方向転換が理にかなう場合もある。

サンドバーグは財務省からグーグルへ転じたが、決して前職でパッとしなかったわけではない。もし隣の芝生のほうが本当に青く見え始めたら、そちらに移ればよい！

問題は、刺激的で豊かになりうる新しいキャリアパスを目指すとき、準備万端と思えるまで待ってしまうことだ。準備ができたと感じるまで待ってはいけない。人生最大かつ最高の展開に対して「準備ができている」ことなどほぼ絶対にないからだ。子どもを持つ、起業する、別の街に引っ越す、あるいは試合の流れを一気に変えるような仕事の機会に飛びつくとき、本当に準備ができている人はいない。こういったものが欲しければ、「大体」準備ができたときに素早く行動を起こさなければならない。

かつてロナルド・レーガン元大統領は、「誰かに『味方』になってもらいたいとき、私に１００％同意してもらう必要はない。80％の同意で、その人は味方になってくれる」と語ったという。

このルールをあなたの人生《キャリア》に当てはめてみよう——自分の決断に１００％の確信がなくても、80％の確信を持てばよい。あるいは80％の準備ができていればよい。

スカイダイビングの講師は初心者と飛行機から飛び出すときに、これと似た戦略をとる。生徒と自分の体をくっつけて固定し、開け放たれた飛行機の扉のそばに立って、「5つ数えたら飛ぶよ」と言うのだ。震える生徒は「わかりました」と答え、5秒の猶予に感謝する。講師は「1、2、3」と数え始め、にこりと笑って「4！」と言い、体を押し出す。

5つ数えてから飛んではいけない。4で果敢に空に飛び出すのだ。

・・・

もちろん、仕事を取り巻く最近の環境は波乱に満ちているから、自分の意思に反してプランBに方向転換しなければならない場合もある。

解雇される、新しいテクノロジーの登場によって定型的な仕事がオートメーション化または海外委託の対象になる、ブラック・スワン（パンデミックや不況）が現れる、自分のいる業界全体が大混乱に陥る、といった可能性もある。出産など人生の大きな転機によって生活の優先事項が変われば、ワークライフ・バランスのよい働き方への方向転換が必要になるかもしれない。

インテルの創業メンバーであるアンディ・グローブは、このような出来事を「変曲点」と呼んでいる。事業が激変にみまわれたときが戦略の変曲点だと述べたのだ。

たとえば、小さな町の雑貨店にとっては、近隣へのウォルマートの出店は激変にあたる。中規模の金融企業が大企業によって買収されるのも同様である。ブロックバスター、コダック、ニューヨーク・タイムズなどかつての巨大企業も軒並み、デジタル革命に起因する激変を受け、変曲点を迎えた。

変曲点のあと生き延びる企業もあるが、生き残れない企業もたくさんある。外からの力は企業を脅かすばかりか、私たちの人生《キャリア》にも深い影響をおよぼすおそれがある。1990年代のデトロイトの自動車メーカーに勤務する人々にとって、大工場の閉鎖は激変に相当する。オンライン学習プラットフォームの登場による機会と挑戦は、大学の事務局と教授に激変をもたらすだろう。

グローブはこう述べている。[5]

「人生《キャリア》の変曲点は、事業環境の『さりげないが深い』変化によって訪れる。あなたの今後は、変化にどう対処するかによって決まるだろう」

会社や業界が変曲点に差しかかった場合は普通、働き手は新たなスキルを活かすか、別の環境に移るよう迫られる。往々にして方向転換が必要になるのだ。

いつ変曲点が訪れて自分の人生《キャリア》が大きく揺さぶられるか、決して的確には見通せない。確実に言えるのは、その時期は予想よりも早く、寝耳に水でやってくるということだけである。

だから、変曲点の時期を予測するなどという不可能への挑戦はあきらめて、未知への備えをしよう。ソフト資産（仕事を変えても通用するあなたのブランドと、できればスキル）を蓄え、新しいテクノロジーを積極的に受け入れよう。変曲点にぶつかったときにはすかさずプランBに方向転換して、そこでスキルを活かせるようにしておくのだ。

予想される激変に見合うようにプランを改めたお手本として、経済学者のジョン・A・リストという人物がいる。

2016年、リストはシカゴ大学で経済学部長を務めていた。さまざまな現実世界の状況下における人々の行動や選択を分析する、実地調査の先駆者だ。サハラ以南のアフリカからインドの田舎、湿度の高いフロリダから風の強いシカゴまで、あらゆる場所で画期的な研究を行ったリストは、その分野での第一人者となった。

リストは常に目の前の仕事にレーザー光線のように焦点を定めていたが、彼がキャリアを築いた世界は変わりつつあった。変曲点が近づいていたのだ。科学研究の資金調達が不穏な方向に進みつつあることに、リストは気づいていた。

あらゆる学問分野では、研究資金は外部から助成してもらうことを当てにしており、その傾向はますます進んでいる。リストも例外ではなかった。

リストには選択肢があった。残りのキャリアの半分近くの時間を、助成金の応募に捧げる（かけた時間の割には少額しか得られない）か、研究への興味を追求するための新しい方法を探すかだ。

ビジネス界が解決策を与えてくれるだろうか？　ウーバーが主席エコノミストを募集していると知ったとき、そんな考えが頭に浮かんだ。畑違いの分野だったが、その職に応募した。創立者トラヴィス・カラニックと面接し、その場でオファーを受けた。リストはしばし考え、「イエス」と答えた。方向転換したのだ。

リストはウーバーの新しいデータチームを率い、大いにもてはやされることになる「ウーバノミクス」を誕生させた。チームとともに実験を行い、ユーザー行動を掘り起こして分析したが、もちろん企業の最終利益を優先しなければならなかった。

しかしリストは、ウーバーの事業戦略を実現させつつ、みずからの科学的疑問を解明する独創的な方法を見つけた。たとえば、運転手にチップを渡すプラットフォームを導入するようカラニックを説得したあと、リストのチームは驚くべき発見をした。乗車のたびに運転手にチップを渡すウーバー利用者は1％しかおらず、60％は一度もチップを渡したことがなかったのだ（公的な場にいるときと私的な場にいるときの社会規範の違いが影響している）。

また別の実験では、不手際があったときの乗客への最良の謝り方も発見した（遺憾の言葉を伝えるだけ、無料または割引クーポンを渡すだけよりも、その両方を実行したほうがよほど効果的だった）。

最高なのは、ウーバーとの合意により、そうした研究結果を学術誌に掲載することができ、おかげでシカゴ大学での職を離れる必要がなかったことだ。

2017年、ウーバーの一連のスキャンダルのあと、リストは配車サービスの競合企業であるリフトに引き抜かれた。そのあとすぐ、データ駆動型企業のCEOたちから定期的にスカウトされたり、助言を求められたりするようになった。プランBを実行したことで、彼の資産、大志、市場環境は元の調和を取り戻したのだ。

リストは人生《キャリア》が変曲点に差しかかるのを待たずに、自分から進んで適応した。研究資金不足の中、従来のやり方で必死に助成を求めるのではなく、自分の才能を新しい分野で活かした。しかも、科学者としての信頼性や好奇心を失うこともなかった。

このあいだも一貫して、人材市場で競争するうえでの指針と自分の強み、つまり、現実世界のデータを使って世界をもっとよく理解する洞察力を忘れなかったのだ。

どこへ方向転換《ピボット》するか：従来と近く活気のある分野

スラックのプランAは、多人数参加型のオンラインゲームだった。私の人生《キャリア》のプランAは学者の道に進むことだった。サンドバーグはまずはインドで恵まれない人々を助けること、ジョン・リストは学問の道だけに邁進することだった。

みんなすでに、プランAとは一見したところ関係のなさそうな別のプランに移っている。しかし、詳しく見ていくと、どの方向転換も筋が通っているとわかってくるはずだ。

私はいまでも、自分が興した会社リンクトイン、投資することにした企業、そして自分の著書やポッドキャストをとおして、つながりづくりについての知識や考えを広めている。

サンドバーグも以前と変わらず恵まれない人々の力になっている。シリアやエジプトの恵まれない人々は、フェイスブックを活用して圧政への反対集会を呼びかけ、実行しているのだ。

最高のプランBは、いまやっているプランAと強く関係している。あなたが自分のプランBを検討する際には、片足をいまの位置に残したまままもう一方の足を新しい領域に踏み入れるような選択肢を選ぶとよい。

機会に満ちあふれている分野が理想的だ。いまいる分野に近く、それでいて活気がある分野を目指そう。

どうやって方向転換《ピボット》するか：副業として始める

待ったなしで行動しなくてはならない場合を除くと、手始めにプランAの周辺でプランBを始めてみるのも一案だろう。副業戦略だ。

私もこれを実践し、ソーシャルネットに籍を置きながらペイパルに助言するようになった。これは本格的なプランBになる可能性のある副業であり、やがて私は本格的な方向転換に踏み切った。

アフターファイブや週末を使ってスキルの修得に乗り出そう。Tシャツをデザインしてインスタグラムで販売するのもいい。バンドを組んであなたの曲をサウンドクラウドにアップロードするのもいい（それほど収益を上げるとは思わないほうがいいけれど）。

関心がある仕事に就いている人たちに接触し、1日付き添わせてほしいと頼んで、その仕事を試してみるのもいい。パートタイムのインターンに応募しても、副業でコンサルティングを始めてもいい。周辺業界で働く知り合いを増やすことも重要だ。

もしお金が問題なら、アフターファイブや週末にウーバーイーツの仕事をしよう。

イノベーションと意欲を生み出すという利点から、副業を勧める企業も出てきた。3M、W・L・ゴア、グーグルなどは、就業時間の一定割合を本来業務とは違うプロジェクトに割くよう従業員に奨励している。

これと同じ方針を個人的に取り入れてはどうだろう？

週に1日、月に1日、あるいは数ヶ月に1日でもよい。プランBの土台になりそうなことをしてみよう。探求したいビジネスアイディア、身につけたいスキル、築きたい人脈他、好奇心や志があったら、本業のかたわら取り組んでみて、様子を探るとよい。少なくとも、誰かと話し合いを始めよう。1日を使って、隣の業界で働く人たちとランチやZoomで話す機会を持つのだ。

プランZ：救命ボートに飛び乗って態勢を立て直す

人生を一変させるかもしれない大チャンスに「飛びついてはいけない」と自分に言い聞かせる人たちがいる。行きたくてたまらない会社、心躍る面接の予定、検討中の素晴らしいオファーについて話したあと、うまくいかない可能性を考え始める。

たしかに、どんな場合もうまくいかない可能性はある。しかし、新しいチャンスを期待した次の瞬間に最悪のシナリオを考えてしまうその変化のスピードには驚いてしまう。これは適応力のあるスタートアップの考え方ではない。

第5章で述べるように、先行きは決して完全には見通せない。失敗への不安は決して消えない。失敗そのもの（それはもう、あらゆる種類の失敗）もなくならない。これらはどんな職業にとっても本質的なものだ。私も人生でたくさん失敗してきた。

こうした大きなリスクをとって、人生を変える可能性のあるチャンスに結びつけるには、見通しの利きやすい予備のプランを1つ持っているとよい。それがプランZである。

プランAにもプランBにも自信がなくなった、プランが台無しになった、といった場合に当てにできる予備の選択肢、それがプランZだ。いざというときのために、頼りになる安全網があると、プランAやプランBを思い切って実行に移すことができる。二の足を踏まなくてもよいのだ。心強い。

プランZがあれば、少なくとも、失敗してもなんとか持ちこたえられる。これがないと、最悪のシナリオを想像して一歩踏み出すことができなくなる。

最初に起業したとき、私は父とこんな話をした。

「父さん、家に来客用の寝室が1部屋余ってるよね。万一うまくいかなくて、貯金も使い果たしたら、あの部屋にしばらく住ませてもらってもいい？」

父は同意した。こうして、「実家に転がり込んで職探しをする」というプランZが出来上がった。

この確実な予備プランのおかげで、たとえ無一文になっても雨露はしのげるとわかっていたから、リスクを許容して新しい事業に全力投球できた。仕事のプランが狂っても、ホームレスや破産者になるわけにも、ずっと無職でいるわけにもいかない。こうした事態を避けるために、プランZを用意しておくのである。

20代で独身なら、実家に身を寄せてスターバックスでアルバイトをするのも、十分にプランZになりえるだろう。30代、40代で子どもがいるなら、老後への蓄えを取り崩すのも一案である。

しかし、プランZを用意したからといって必ずしもそんな結果になるわけではない。あなたには選択肢がある。インターネットをとおして短期的な仕事を請け負う働き方、「ギグ・エコノミー」の出番だ。ウーバーなどをはじめとする数多くのプラットフォームのおかげで、世の中にはプランZがふんだんにある。

アカウントを作成して明日にでも働き始めることができる。これらはあなたの大志を実現するものでも、夢の職業に結びつくものでもないかもしれないが、それでもあなたは運がいい。こうした選択肢は1世代前には存在しなかったからだ。あなたは家賃を払い、食卓に食べ物を並べることができるし、どうやって方向転換しようかと考える猶予も与えられる。

何にせよ、プランZはいつまでもすがりつくものではなく、あくまでも一時しのぎと心得ておこう。プランZを実行すれば、一旦退却して態勢を立て直し、ゼロからプランAをつくることができる。あなたが機知に富んでいれば、この安全網はあなたが一気に飛躍するきっかけになるかもしれない。もしそうなればそれはプランZの最良のシナリオだ。

起業家のジュリア・シャピロのキャリアを例に挙げよう。シャピロはロースクールを卒業後、奇妙な病気に苦しみ、連邦判事補の職（プランA）を辞さなければならなかった。いきなりプランZに突入し、フリーランスで働きながら治療することになったのだ。何度も病院に通い、セリアック病と診断されて治療を受けた。

健康を取り戻したシャピロは、フリーランス向けの法律市場が成長しており、人材派遣のソリューションが追いついていないことに気づいた。テクノロジーを使って弁護士派遣の方法を近代化する機会を見出し、まさにその仕事をするスタートアップ「ハイア・アン・エスクワイア」を設立した。

シャピロは数百万ドルの資金を自力で調達し、迅速で専門的な弁護士派遣の企業を率いている（これは当然の結果だ。スタートアップを始める敷居は10年前に比べて低くなっており、自分の事業を始めることはいまや実行可能なプランZである）。キャリアが流動的な他の弁護士にとって、間違いなくプランZになるサービスだ。プランZは終点ではなく退避場所であり、チャンスでもある。

プランZの「Z」は、新しい世界にジグザグに進み、突進《zip》することを意味するのかもしれない。そこにいるあいだに真新しい航海計画、真新しいプランAを練り、始動させるのだ。そのプランAはやがてプランBにつながり、また姿を変える。変化し続けるこの世界のように……。

■一点集中キャリア、副業キャリア、ポートフォリオ・キャリア

あなたは同時にいくつのプランをこなせるだろうか？　現代のキャリアでは、2つ以上のこともある。あなたの選択肢を考える枠組みを3つ紹介しよう。

「一点集中キャリア」は、1つの仕事に徹底的に打ち込む。プランAはプランAであり、あなたがやるのはそれだけだ。あなたは技術を身につけ、驚くほど上達していく。少なくとも人生《キャリア》の一時期には1つのことに集中し、大いに収穫し、長持ちする恩恵を受けるべきだ。

安定性が増し、人とのつながりの価値が高まり、スキルが複合的に成長し、1つの素晴らしいことに集中できるチャンスが得られる。

世界レベルで成功した人は誰でも、キャリアの中で少なくとも数年間はレーザー光線のように一点集中したことがある。

2つめの「副業キャリア」では、プランAに集中しつつ、1つか2つの副業も維持する。プランAはあなたの重要なプランだが、それだけが収入と喜びの源ではない。おもな収入を補うために、週末にウーバーイーツの宅配員をしてもいい。

もしあなたが作家で数学者のジョーダン・エレンバーグ教授のように数字と言語に才能があれば、文芸創作の修士号を取得してから数学の博士号を取ることもできる。エレンバーグ教授はまさにそうした。人々が夢中になる本を数年ごとに刊行し、『シェイプ（未訳／Shape：The Hidden Geometry of Information, Biology, Strategy, Democracy, and Everything Else)』はベストセラーになったが、彼の本業は数学の教授だ。

つまり、彼にとって重要なのは数学教授でいることであり、本を書くことは優先順位の下のほうに記されている。

3つめの「ポートフォリオ・キャリア」は、複数の収入源があり、3つ以上の活動を並行して行う。複数のプランAのあいだで絶え間なく方向転換を図っている。ギグ・ワークをいくつも同時にこなすとか、高級顧客向けのコンサルティングと講演と執筆と助言を同時にやるといった状況だ。

特定のスキルを専門に扱わず、1つの目的だけに熱中せず、上司が1人だけではないなら、あなたはポートフォリオ・キャリアに乗っている。このルートは、自分の裁量でより迅速にやり直し、実験し、学ぶことができる。

ポートフォリオ・キャリアでは、方向転換を迫られたときに適応する準備をするのではなく、毎週のように変わる仕事の流れや機会にすでに適応しているので、プランBは必要なくなる。こうしてリスクを分散して賢く対処することで、あなたは同時に2つ以上の小さな賭け、しかも取り返しのつく賭けをしている。

多様性を活かして柔軟に対応しているのだ。ポートフォリオ・キャリアは楽譜を読む演奏ではなく、ジャズのようなものだ。あなたは即興でどんどん演奏していく。

金融の世界では、投資ポートフォリオの資産配分は、投資家の目標とリスク許容度によって変わる。一点に集中したポートフォリオをつくる投資家もいれば、より多角的なポートフォリオをつくる投資家もいる。すべての卵（ポートフォリオ）を1つのカゴに入れるなと言う人もいれば、すべての卵を1つのカゴに入れてとにかく注視（一点集中）しろと言う人もいる。

投資の世界で儲ける方法も、心躍るキャリアを築く方法もたくさんある。どのように賭けてキャリアを築くべきか、決まったルールはない。すべてはあなたの資産、大志、市場環境、そして不確実性に対する許容度にかかっている。

ただしキャリアを始めたばかりのときには、「重要キャリア」でプランAをつくることを勧める。

レーザー光線のように一点集中する時期をつくり、より崇高な大志を抱いたときに、目の覚めるような「副業キャリア」を築くのだ。

ポートフォリオの手法は、実践をとおして学ぶ素晴らしい機会をもたらし、柔軟性のあるライフスタイルと、迅速な適応性を持つことを可能にしてくれる。だが、あまりにも多くの道に同時にとどまり続けるのはコストがかかるし、雇用主や顧客もいい気持ちはしないだろう。

現在、リチャード・ブランソンやイーロン・マスクをはじめ、桁外れなポートフォリオを築いている人もいるが、それができたのは何年間もレーザー光線のように集中して地位を確立したあとである。

人生《キャリア》はチェスの試合とは違う。あらかじめ定められたチェス盤も、決まったルールもない。チェスの腕前を上げるのに時を選ばないのは、チェスが変化のない閉鎖的なシステムであり、「想像もつかない時代」の外側にあるからだ。対戦相手から目を離さなければそれでいい。

しかし人生《キャリア》はチェスではない。ゴール4つとメディシンボールを使った、あの正気とは思えないサッカーの試合なのだ。人生《キャリア》においては、競争相手だけではなく、常に変わり続ける試合のルールに立ち向かわなければならない。

身をかがめ、周りに注意を払い、いつでも飛び出せるように準備しよう。

自分に投資しよう

明日すること——

☑ 自分の人生《キャリア》についていま抱えている主な不確定要素、心配、疑問を書き出してみよう。そのリストは完璧である必要も、他の誰かと共有する必要もない。日記を書くようなつもりで、感じるままに不安をすべて書いてみよう。頭の中の考えを文章にするのだ。

☑ いまのプランA（いまの仕事やポートフォリオ）とプランZ（最悪のシナリオ用の予備プラン）の中身を紙に書き出し、現状ではどんなプランBがありえるか、メモしてみよう。書くと思考がまとまる。

来週すること――

☑ 自分と同じ職種から他へ方向転換した人と会う約束をとりつけよう。その人たちがとった行動を分析しよう。どうやって移ったのだろう？　移って正解だったか？　何を機が熟している証拠ととらえたのか？

☑ つぶしの利くスキル、つまり、他の職種でも幅広く活かせるスキルを何か1つ身につけるために、計画を立てよう。文書や口頭でのコミュニケーション力、マネジャー経験、技術・コンピュータのスキル、対人スキル、国際経験、語学力などが、さまざまなプランBに活かせそうなスキル資産の例だ。このスキルを1年かけて上達させる計画を立てる。

来月すること――

☑ 時間が許せば、アフターファイブや週末にできる副業的なプロジェクトを試しに始めよう。いまと違うが関係の深いスキルや経験が身につくように、プロジェクトの中身を決めよう。

いまの仕事に役立つか、あるいは、プランAが行き詰った場合にプランBになりそうな中身がよい。ブログやメールマガジンを毎週発行する、副業で友人にコンサルティングをする、といったことでもいい。知り合いと協力してプロジェクトを推進できれば、理想的である。あなたのポートフォリオをほんの少し多様化するのだ。

☑ 勤務先、地域、業界などとは離れた、オンライン上のアイデンティティを築こう。個人のドメイン名を手に入れ、いま職場で使っているのとは別のメールアドレスをつくって、あなたがつながっている人と連絡をとろう。

☑ いまの業界と関係の深い業界（同業他社か、やや業種は違うが似たタイプの企業）で働く5人に連絡をとって、コーヒーに誘おう（対面またはオンライン）。自分のプランBと彼らのプランの違いを話し合ってみるとよい。豊富な観点が得られるように、このような付き合いを絶やさずにいよう。必要に応じて隙間《ニッチ》分野に移れるかもしれない。

第3章

強いつながり、弱いつながり

独力で成功したなんて神話を信じてはいけない。
事業やキャリアを切り拓いてきた人は、
人との縁を何より大事にしてきた。
仕事上で大きな意味を持つ人間関係には
3種類ある——信頼できる盟友、弱いつながり、
ソーシャルメディアのフォロワーだ。
人とのつながりを大事にしよう。
相手の立場に立って、まずは尽くすのだ。

スキルと適応力がすべてではない。たとえ競争上の強みを伸ばしたり、状況に合わせてキャリアプランを変更したりしても、1人で実践したのではどれも十分とはいえない。

世界で一流の人材は、世界で一流の人々とのつながりを築いている。

頭脳や戦略がどれほど冴えていても、1人きりではいつまでも勝てない。スポーツ選手は監督やトレーナーを、神童は親や先生を、映画監督はプロデューサーや俳優を、政治家は献金者や参謀を、科学者は実験助手や相談相手をそれぞれ必要とする。

スティーブ・ジョブズだって、スティーブ・ウォズニアックを必要とした。

もうおわかりだろう。私たちはキャリアを築くうえで一緒に取り組む誰かを必要としている。

実際、たった1人でスタートアップを立ち上げる例はごく稀だ。起業家のあいだでは「有能なチームを築くことが何よりも重要だ」と意見が一致している。

またカリスマ性のある創業者は、他の逸材を仲間に引き入れる求心力を持っている。マイクロシステムズの共同創業者であるヴィノッド・コースラは、「どんなチームを築くかでその会社の良し悪しは決まる」と述べた。

マーク・ザッカーバーグも同じ考えで、職務時間の半分を人材採用に充てているという。

だから、ベンチャー・キャピタリストの私たちは、ずば抜けた人々を支援する。逸材は逸材を呼ぶと知っているからだ。ずば抜けた起業家は、ずば抜けた同志を雇うことができる。リーダーの役割において、採用以外は瑣末《さまつ》な仕事と言っても過言ではない。

起業家が休みなく逸材探しに努めているのと同じく、あなたも、人生《キャリア》というスタートアップを助け合える人とのつながりづくりに力を入れるとよいだろう。当然、起業家と違って部下をたくさん雇うわけではない。そうではなく、ともに成長していける多彩な仲間や助言者を集めるべきなのである。

こうしたつながりを大切にできれば、自分のキャリアにプラスになるだけでなく、その人たちのキャリアにもプラスの影響を与えられる。時間が積み重なるとともに、チャンスが広がっていくだろう。

どの組織に属しているか、どれくらいの地位にいるかにかかわらず、人脈は大きな意味を持つ。なぜなら、どの仕事もみな突き詰めれば人と人との関係に行き着くからだ。対面であれ、オンラインであれ、経験を共有することがすべてだ。

「カンパニー」の語源は「パンを分かち合う」という意味のラテン語である。[1] スタンフォード大学の名誉教授で組織行動論を専門とするジェフリー・フェファーは、「昇進するためには、仕事の能力よりも上司との良好で近しい関係のほうが重要だ」というデータや実例を集めた。これは社内政治や無責任な忖度ではない（残念ながら例外もあるが）。たとえ多少スキル面で不足があったとしても、周りと良好な関係を築くことがチームに貢献するのだ。

キャリアにおける重要な転機は、しばしば自分と他人のつながりによってもたらされる。

私は大学でピーター・ティールと出会い、やがて彼は知的な議論を楽しむうえで欠かせない存在になった。この友情のおかげで、私はティールがイーロン・マスクと共同で創業したペイパルに加わった。長年の友人関係がなかったら、彼が電話1本で私に人生の転機につながるチャンスを届けてくれることは、決してなかっただろう。そして、ペイパルで働いていなかったら、リンクトインを起業する上で必要なスキル、経営資源、人的資本は得られなかったかもしれない。

またフェイスブックが創業資金を調達する際に、私はティールにマーク・ザッカーバーグを紹介したのだが、これもまた友人だからである。その後のティールのフェイスブックへの出資は、ベンチャー企業への投資の歴史に残るものになり、彼は卓越した投資家としての名声を確かなものにした。プロフェッショナルなネットワーク内では、互いにヒト・モノ・カネを融通し、助け合うのだ。

自分の人柄や将来性も、誰と付き合うかで決まる。考え方や行動は伝染するからだ。その意味でも人間関係は大きな意味を持つ。

私たちはともすれば、友人の感情に影響され、相手の振る舞いを真似、その価値観に染まっていく。[2] 友人たちが仕事を確実にやりとげるタイプなら、あなたもきっとそうなるだろう。だから自分が成長するうえで最も大切な原則としてこれだけはぜひ忘れないでほしい。「こうなりたい」と思う相手と付き合うのが、自分を変える何よりの王道である。

個の力、チームの力

偉業は決して1人の手では達成できない。それにもかかわらず、世の中には英雄をしきりに称える風潮がある。テスラが急成長したいきさつを大勢に尋ねると、おそらく相手は口々にイーロン・マスクの名前を挙げるだろう。

だが、マスクが築いたチームは話題に上らない。実際、テスラやスペースXの他の幹部の名前を挙げられる人はほとんどいないだろう。そして、「イーロン・マスクらが出世したのは、ハードワーク、知性、創造性などのおかげだ」という声が聞こえてくるはずだ。

誰かの成功ストーリーではたいてい、その人自身の資質が紹介される。よりよい人生への約束をうたう本は、「自己啓発」という書棚に並んでいる。成功の秘訣を説くセミナーも、ビジネススクールも、他人とつながるスキルを扱うことはまずない。中心はもっぱら「自分」なのである。

もちろん、キャリア形成において、私たち自身の資産や資質は最も重要だ。だが、私たちに強い影響をおよぼす友人、仲間、同僚がほとんど話題に上らないのは、いったいなぜだろう？

理由は、独力で成功したという筋書きのほうがさまになるからだ。そしてそこで語られるのは、雑然とした世の中にどう対処するかである。

魅力的なストーリーには主人公と悪者が登場し、両者が争い、やがて決着がつく。勝つのはたいてい、主人公だ。ストーリーは主役だけにスポットライトを当てたほうが語られやすい。『スーパーマンと10人の仲間たち』よりも、『スーパーマン』のほうがおもしろそうに聞こえないか？

このようなストーリーは何世紀も前から語り継がれてきた。ベンジャミン・フランクリンは「自伝を、独力による輝かしい立志伝へと仕立て上げた」[3]。アメリカでは、独力による成功は殊《こと》の外熱《ほか》く支持される。この国はかねてから、拳銃を撃つジョン・ウェインのイメージと彼の徹底した個人主義を称えてきた。

しかし、きれいごとで固めた物語は誤解を招く。実のところ、フランクリンの生涯と成功には、人脈や人間関係がとても大きな役割を果たした。それどころか、著名人の生涯を調べてみると、大勢の仲間たちに支えられていたことがわかるはずだ。

人生においては自分1人が英雄だと思いたいところだが、現実には、私たちは地域、会社、さまざまな団体、家族、社会全体の一員であり、そこに属する人々から影響を受け、助けられ、ことによっては傷つけられる場合さえある。1人ひとりを切り離すわけにはいかない。成功ストーリーはすべて、主人公と周囲の人々との関係で語られるべきだ。

「独力での成功ストーリー」は神話だとしても、「チーム内では個を主張せずに合わせるべきだ」という言いならわしも間違っている。チームは個の集まりである。強みや能力の異なる個人で成り立っている。

体操の団体競技はチームメンバーの合計得点で勝敗が決まる。体操競技の女子団体が2016年のリオ・オリンピックで華々しい成果を出すうえで、シモーネ・バイルズがチームメートよりも大きな働きをしたことは、誰も否定しないだろう。一方、バイルズもオリンピックで金メダルを獲得するうえでチームを必要としたのだ。

逆に、一流チームに1人でも周りに悪影響を与える人が混じっていたら、全体が腐ってしまいかねない。研究によれば、ビジネスの世界では、最も出来の悪いメンバーの水準にチーム全体が引っ張られるという。[4]

あなた1人の資質と懸命な働きは、それだけではチームの成功に十分ではないかもしれないが、絶対に欠かせないものである。

個人とチームのどちらか一方を選ぶのは間違っている。両方が大切なのである。チームの助けを借りれば、個人のパワーは目覚ましく伸びる。仲間のおかげで、自分の力は何乗にもなるのだ。だが、個の力がなければチームは決して成り立たない。

あなたが人生《キャリア》で成功をつかみ取れるかどうかは、あなた自身の実力と、それを十二分に引き出してくれる他人とのつながり、両方にかかっている。両者は不可分だ。

この本は「あなたの人生《キャリア》戦略」のために書いた本だが、あなただけではなくあなたの周りの人のための本でもある。

まずは相手に尽くす

「人脈づくりの話題はうんざり」という人も多いようだ。どことなくうさん臭さを感じるのだろう。

人脈づくりの「達人」には私たちの誰もが会ったことがある。脂ぎって機関銃のようにしゃべり、ネットワークづくりのイベントでうわべだけのお世辞を並べておおげさに振る舞ったり、リンクトインでつながるために誰かれ構わずメッセージを送る。これは、人脈づくりではない。

本物のつながりを築こう。それには、少なくとも次の2つが必要になる。

1つ目は、相手の視点でものを考える姿勢。起業家はたいていこれを上手に行うことで、顧客が必要としているものを予知する。別の人間の立場に立って考えるのは、容易ではない。一部の人にとっては、最も難しい。私たちは、自己中心的になりがちな生き物だからだ。

作家の故デヴィッド・フォスター・ウォレスが書いているとおりである。「どんな経験も、決してあなたを中心には展開しない。あなたが経験する世界は、あなたの正面か背後、左か右、テレビ画面かモニター上にあるのだ」[5]

本物のつながりを築くには、2つ目に、自分が相手から何を得るかではなく、相手をどう助け、力を合わせられるかを考えることである。

成功者と接する機会があると、すぐに「この人に何をしてもらえるだろう」と考えてしまうのが人間の性《さが》だろう。ミシェル・オバマ元大統領夫人に会う機会に恵まれたなら、「なんとか一緒に写真に収まれないものか」と考えるのは無理もない。大富豪と夕食をともにしたら、「自分の事業や社会活動への投資や寄付を頼んでみようか」という思いがよぎるのは自然である。

ここでは、「自分の利益など決して考えない聖人君子であれ」などと述べているのではない。まずは、安易な考えをやり過ごして、自分から相手に尽くす方法を考えるべきだと言いたいのだ（お返しに何を頼めそうかは、後から考えよう）。

交渉術の研究によると、デキる交渉者と並みの交渉者の大きな違いは、相手と自分の共通の関心事項を時間をかけて探り、相手に質問を投げかけ、共通の土台をつくるということを実践するかどうかだという。交渉上手はこれらに多くの時間を費やす。つまり、「自分さえよければ」という発想でゴリ押しするのではなく、相手にとっても本当の利益につながる方法を探るのである。[6]

これにならおう。手始めとして、親身になって相手に接し、それをしぐさや言葉で表すとよい（この章の後半では、実際に相手の役に立つ方法を述べる）。

本物の縁を求める人は、人間関係の構築において、まず相手に尽くそうとする。単純な損得では考えない。善意での行いが報われるのはわかっていても、計算ずくでそうするのではない。そして、自分が必要としているとき以外でも、いつも「縁」を大切にしている。

もちろん、人に尽くすには心がまえだけではなく、実際に価値を提供できることが大切だ。ネットワークづくりの達人と、平凡な人とでは、人脈づくりのスキルに大差はない。スキルには限界があるからだ。両者の違いは、実務の世界で積み上げているものがあるか、そしてそれに伴って提供できる価値があるかだ。

デール・カーネギーが著した人間関係についての古典的名著『人を動かす（原題：How to Win Friends and Influence People）』（創元社）は、素晴らしい知恵の宝庫であるにもかかわらず、残念ながら原題がよくない。この原題のせいで多くの人がカーネギーを誤解している。

友人は「勝ち取る」（win）対象でもなければ、自分の持ち物でもない。友人関係は分かち合いに基づくものだ。友人は仲間であり、互いに力を合わせる間柄である。自分が独自のスキルで相手を助ければ、相手もそのお返しをしてくれる。

キャッチボールを想像してほしい。相手が投げ返すボールの場所や、ボールの速さや投げ方をコントロールすることはできない。状況に応じて、ボールを捕るために動き、自分がベストだと思う方法で投げ返すまでだ。


最も満足度が高まるやりとりをし、妥協をいとわない。相手がいないことには関係は続かない。人との関係をモノのように、勝ち取ろうとか、自分のものにしようと考えたら、すべてが台無しになる。

もちろんたいていの人は、自分が人間関係を「勝ち取ろう」としているなどとは認めたがらないだろう。だが、自分では思いもよらないうちに、人間関係を「手に入れよう」としており、そのせいで相手とのあいだに溝をつくってしまう。

時として、心から相手を思いやっているふうを装うあまり、かえって悪い印象を与えることがある。「あの人は誠実に見せようとしているな」と感じると、心が寒くなるものだ。会話の最中に相手から何度となくファーストネームで呼ばれ、「ああ、この人はデール・カーネギーの本に書いてあることをそのまま実践しているのだな」と興ざめするようなものである。

小説家のジョナサン・フランゼンはいみじくも、「いかがわしい人ほど、下心を見抜かれまいと必死になるものだ」と書いている。靴ひもを結ぶのと同じくらいさりげなく、相手と仲間になろうとするのでなければ、つまり、仲間になって助け合いたいと望むのでなければ、うまく協調しようという気持ちは生まれない。やがて関係そのものがギクシャクするだろう。

まとめるなら、友人や初対面の人に会うときは、「自分にどんな得があるのか？」という自然に湧き上がってくる問いを封印して、代わりに「お互いのために何ができるのか？」と自問しよう。

本物のプロフェッショナル・ネットワークはそこから始まる。

楽しくやろう！

人脈づくりの話題が敬遠されるのは、損得ずくの人間関係を連想するからか、そうでなければ、フロスで歯間をそうじするようなものだからだろう。いくら大切だと教えられても、楽しくないのだ。

人脈づくりを義務、またはある種「下品なもの」ととらえていると、損得勘定が先にきてしまう。型どおりの手順を踏み、作業リストに「完了」の印を入れる。これでは上っ面の人間関係になるか、連絡が途絶えるかのどちらかだ。するといっそう斜に構えるから、人間関係はさらに上辺だけのものになっていく。

こんな悪循環を避けるにはどうしたらよいのだろうか？ いままでの人生における至福の思い出を呼び覚ましてほしい。あなたは1人だったか？ それとも友人や家族と一緒だったか？

波乱万丈の心躍る経験を思い浮かべてほしい。そのときは1人だったか？ それとも誰かと一緒だっただろうか？

誰かと一緒だったはずだ。


つながりづくりは楽しいものであるべきだ。私もベン・カスノーカも、人間同士の奥深いつながりが好きだ。「仲間と一緒に働くんだ」と思うとワクワクしてくる。可能性と発想の両方が広がるからである（そう、だからこそ、この本も1人ではなく2人で書き上げた）。

外向的だとか宴会向きでなければいけない、などと言っているのではない。他人の人生経験を尊重し、受け入れることは誰にでも可能だと考えているのだ。人間関係を築くのは、互いの心を察するという繊細で感動に満ちた行いなのである。

仕事上で意味を持つ、3種類の人間関係

あなたの周りの人々は、いまこの瞬間もあなたに影響を及ぼしている。そうとはわからないうちに、あなたの考えや行動を変えたり、未来へと続くドアを開いたり閉じたりしているのだ。あなたの人生に影響を及ぼすそうした人々は3つのカテゴリーに分類される。仕事では、この3種類の人間関係が意味を持つ。

1つはビジネス上の盟友である。キャリアを築くうえで、飛躍のきっかけになったり、有益なアドバイスをくれたり、熱心に支えてくれたりする友人だ。

仕事でスランプに陥っているときに、あなたの未来を真剣に考えて、元気やインスピレーションをくれるのは誰だろう？　上司に提案する前に率直な意見を求めるなら、どの同僚に尋ねるだろう？　給与の交渉に関して助言が欲しいとき、誰を頼りにするだろう？

答えとして名前が挙がる人々こそ、あなたの仲間である。

多くの人は、いつでも最大で8人から10人くらいを、仕事上の強力な仲間にしておけるはずだ（8人から10人はもちろん目安だ。私にはより多くの「準」盟友がいる。一緒に過ごす時間は少ないが、人

間関係自体は非常に大切に思っている)。

2つ目の人間関係は、「弱いつながり」と呼ばれる。ゆるやかな間柄やそれほど親しくない知り合いのことだ。

すごく親密というわけではない友人を思い浮かべてみよう(私たちには、みなこうした人たちがいる)。1年にたった数回でも、メールの受信ボックスや、インスタグラムの「いいね」で名前を見つけてうれしくなる人は誰だろう? カフェやランチで——おそらく、本格的なディナーはともにせず、週末には会わない——近況を伝えあったり、個人的な話ではない特定の事柄についてアドバイスを求めるとしたら誰だろう? ソーシャルメディア上の投稿で、読んでためになると思える人で真っ先に浮かぶのは? いつも示唆に富んだコメントをくれるのは?

このような弱いつながりの数は、人によってまったく違う。性格、業種や職種、人付き合いの仕方によって、その数は最大で数百、あるいは数千にも上るだろう。

第三の人脈である「フォロワー」は比較的最近生まれたものだ。ソーシャルメディアは、もはや友人や家族だけに写真を共有したり近況を報告する場ではない。今日では、仕事上の人間関係やアイデンティティにおいて、きわめて重要になっている。

このカテゴリーには、インターネット上であなたをフォローしているすべての人が含まれる。たいがいの場合、仕事上の仲間や知人（加えて、もちろんビジネス上のつながりの外にいる個人的な友人）も自然と含まれる。

彼らは、あなたのツイートやリンクトイン上での投稿に「いいね」・リツイート・シェアといった反応をしてくれるものだ。あなたも同様のことをするかもしれない。

ときどき、オンライン上で会話が始まって、プライベートでも関係が続くこともあるが、続けるかどうかはあなたの自由だ。

どのように関係性が始まるかはさまざまな可能性がある。仕事関連の話題（たとえば業界動向に関する記事）に限らず、あなたが披露した豆知識（たとえば仕事におけるコミュニケーションの流儀にはパターンがあること）へのリアクション、個人的な話題（一ヶ月休暇を取って友人とパタゴニアへ旅行へ行くこと）なども あり得る。

あなたは、フォロワーに影響を与える。フォロワーの注意を惹き、注目されていることが、仕事上でも大きな力を発揮することがある。そういった意味でも、フォロワーはあなたの人脈において重要だ。

ここからは、3つの人間関係についてより詳しくみていき、どのように強化できるかについて明らかにする。

ビジネス上の盟友

盟友関係によって、私のキャリアは大きな影響を受けた。

私が初めてマーク・ピンカスに会ったのは2002年、ペイパルで働いていたときだ。ピンカスの会社について助言をしていたのだが、最初の話し合いの際、彼の自由奔放な創造性とはちきれそうなエネルギーに目を見張った。

それに引き換え私はといえば、どちらかというと常識に従う性質だった。ピンカスのようにアイディアを次々とすさまじい勢いで生み出すのではなく、戦略の枠組みに当てはめるのを好む。流儀の違う者同士だからかえって会話が弾んだ。とはいえ、私たちの協力関係が目覚ましい成果を生んだのは、興味関心やビジョンが似通っていたからである。

彼と私はソーシャルネットワーク・サービス（SNS）の黎明期に当たる2002年、共同でフレンドスターというSNSに投資した。

2003年には、SNSの土台をなす技術を保有するシックス・ディグリーズから特許を買い取った。

その後、ピンカスは自身のSNSであるトライブを、私はリンクトインを立ち上げた。

私は2004年、ピーター・ティールとともにフェイスブックに最初の資金提供をしようとしていたときに、自分の割当枠の半分を譲りたいとピンカスに申し出た。2007年、彼から電話でソーシャルゲーム会社ジンガの構想を知らされたとき、私は一も二もなく、ピンカスが共同創業して経営の舵を取るジンガへの出資と取締役就任を希望し、それが実現した。

マーク・ピンカスは、深く信頼するベンチャー・キャピタリストをもう1人、ジンガの取締役会に招き入れた。ブラッド・フェルドだ。私はジンガの取締役会でフェルドと知り合ったが、ピンカスの信頼と推薦のおかげで、初めから内心では彼のことを信頼していた。

ジンガの取締役会後にブラッドに頼んで、ベンを紹介してもらった。それがつながって、ベンと私が一緒に本書を書くことになったのだ。

ベンは10代の頃に、最初のビジネスプランを売り込んでいる際に、フェルドと出会った。以来、2人は親しい友人かつ仲間であり続け、私がベンの紹介を頼んだときには10年以上の付き合いがあった。フェルドは二つ返事で同意した。

「ビジネスの速度は信頼に比例する」と言われている。仲間がいると、その延長線上の信頼をあてにできる。仲間の紹介によって、コラボレーションできる人の輪はよりすみやかに広がり、本を一冊書くといった新たな野心的なプロジェクトへの挑戦が現実になったのだ。

では、これらの協力関係は何によって支えられているのだろう。たとえば、ピンカスと私はともに、ネット事業、特にSNS事業への情熱に突き動かされている。互いの足りない面を補っている。互いに友情を抱いている。しかも知り合ったばかりではなく、仲間意識を抱く何年も前から面識があった。

この他にも、一見したところなんでもないようでも、特筆すべき理由がある。私たちはどちらもサンフランシスコに長年住んでいるのだ。テクノロジーのおかげで、遠距離の友人関係やパートナーシップを維持する手段はかつてないほど充実しているが、関係性を育む初期の段階で「直接」集まれる意義を過小評価してはいけない。

盟友同士の一般的な関係とは何だろう。あなたにとっても通じるものがあるだろうか？　以下の4つの特徴が挙げられる。

1　お互いの相談役……1つには、仲間とは折に触れてアドバイスを求める相手で、なんでも話せる。互いの判断を信頼しており、まだ磨き上げられていない考えでも安心して共有できる存在だ。

2　頻繁かつ熱心に支える……その人となら手を携えてチャンスを積極的に分かち合おうと思えるのが仲間である。互いに仲間の関心や利益には普段から注意を払っていて、一緒に何かできそうだと思ったら、それを実行に移す。

仲間がいさかいに巻き込まれたら、守ろうと努力して、その名誉のために立ち上がる。あなたがつらい立場になったら、相手も同じことをしてくれる。都合のよいときだけ仲間になるような虫のよい話はない。逆境に耐えられないようでは、仲間とは言えない。

3　公の場で互いの長所や成果をほめる……仲間のことは他の人たちの前でほめ、仲間の強みを具体的に世界に向けて発信する。彼または彼女の「ブランド」を宣伝するのだ。

4　2人は「友達」……仲間同士は、心から互いのことが好きだ。きわめて自明の話だ。好きでなかったら、前述の3点をしようとは思わないだろう。相手を好くこと、相手から好かれることは仕事をするうえでも大切なのだ。

仲間との関係はギブ・アンド・テイクの繰り返しだが、対価はお金ではない。会計士に確定申告書の作成を依頼して、その稼働に見合った報酬を支払うような場合、それはお金を対価とする関係である。

だが仲間との関係では、相手が日曜の夜に翌日朝のプレゼンテーションの準備をしていて、土壇場で助けを必要としていたら、たとえ忙しかったとしても、助け舟を出すために相手の家に行くだろう。仲間であれば、貸し借りを単純な損得勘定では考えない。可能なかぎり仲間との関係を深めようとするものだ。

このような「コミュニケーションと協力の積み重ね」をとおして信頼が培われる。

コラムニストのデヴィッド・ブルックスはこう述べている。

「信頼関係とは互いを頼る習慣を指し、これは感情によって動く。『相手を頼っても大丈夫だ』と少しずつわかってくると、2人のあいだに信頼が芽生える。信頼関係が生まれるとほどなく、互いに協力しようとするばかりか、相手のために犠牲をもいとわなくなる」[7]

相手に手を貸して犠牲を払うのは、困っている友人を助けたいからだけではない。こうしておけば、いつか自分が苦しい立場に置かれたときに、相手を頼れると思うからだ。これは利己的ではなく、人間らしい発想である。社会性を持った動物が互いに手を差し伸べるのは、1つには、いずれ自分も助けられる立場になるからである。それをうしろめたく感じる必要はない。日常での健全な相互依存にすぎない。実際は、もっとお互いが依存しあってもいいのだ。仕事上の信頼関係では、見返りはすぐに得られるのではない。友人のプレゼンの手伝いをした次の日に、相手に向かって「手伝ったんだから、今度は何かお返しをしてほしい」などとは言わないはずだ。

ギブ・アンド・テイクをとおして、運命共同体になるのが理想だろう。言葉を換えれば、あからさまな損得勘定が影を潜め、見返りがあるまでの期間が長くなるにつれて、互いの関係は貸し借りに根差したものから本当の仲間へと変化していく。仲間同士はともに与え、ともに得るのだ。

それには信頼がきわめて重要で、わかりやすく言葉で伝えることは、信頼を確かにするうえで欠かせない。「あなたを信頼している」と仲間には包み隠さず言えるようになるべきだ。

ロン・ハワードとブライアン・グレイザーは、ハリウッドを代表する製作者と監督だ。この2人の伝説的な盟友関係は、三十年以上続いている。この間、『スプラッシュ』、『ビューティフル・マインド』、『アポロ13』といった超大作映画を世に送り出してきた。2人の関係の本質については、ハワードが簡潔に言い切っている。

「こんな破天荒な業界にも、興味関心が一致して思いやりを持てるとても賢明な相手がいて、自分と呼吸を合わせて同じ方向へ進んでいる。そう思えるのは、とてつもなく有り難いことだ」[8]

盟友とはこういうものである。

弱いつながり

盟友と呼べる相手はその性質からして当然、それほど多くはない。

対照的に、もっとゆるやかな関係のほうが数が多く、これもまた私たちの人生《キャリア》で一定の役割を果たす。カンファレンスで面識を得た相手、かつての同級生、他事業部の同僚、あるいは毎日の生活の中で出会う、おもしろいアイディアを持った人々。

社会学でこれは「弱いつながり（弱い紐帯）」と呼ばれる。一緒に過ごす時間は短く密度も濃くないが、それでも良好な関係にあるのだ。[9]

仕事上の「弱いつながり」についての正式な研究は1973年に行われた。社会学者のマーク・グラノヴェッターが、ボストン在住の転職まもない人々をランダムに抽出して、新しい働き口をどうやって見つけたか質問したのだ。このデータを分析すると、それほどよく知らない友人こそが、転職口を紹介してくれることがわかった。

グラノヴェッターはこの結果について、共通項で結ばれた強いつながりはともすれば、まったく新しい経験、機会、情報をさえぎる働きをすると説明している。人はたいていコミュニティの仲間と似た行動をするから、親友は同じ業界、近隣地域、宗派などに属している。絆が強いほど、相手は自分と似てくる可能性が高く、自分が相手を他の友人に紹介しようと思う可能性も高くなる。[10]

強いつながりは、プライベートではいいかもしれない。だが、仕事面では考え方の似た者同士のあいだで情報が堂々めぐりをするため、情報量が限られてしまう。ツイッター、リンクトイン、フェイスブックから得られる情報はおそらく非常に似通っているからだ。親友が知っている求人情報は、たぶんあなたの耳にも入っているだろう。強い絆で結ばれた相手とのあいだでは一般に、知識、活動、友人などが重なり合うため、広がりに乏しくなる。

他方、ゆるやかにつながる相手は普通コミュニティの外におり、異なる人々や情報への窓口になる。このため、ゆるやかな間柄からのほうが、新しい情報や働き口がもたらされる可能性が高いのだ。

強調しておきたいのだが、職探しに役立つのはゆるやかな間柄それ自体ではない。つながりそのものが意味をなすというよりも、つながりの幅と広がりが貴重なのである。それが情報をもたらしてくれるからだ。

どんな方法を使うにせよ、人脈の多様性と幅の拡大は、キャリア転換を図ろうとしている時期には特に重要である。プランAからプランBまたはZへ方向転換するときは、仕事上の新しい機会についての情報を望むはずである。いまとは違う分野や職域の人と知り合って、方向転換の背中を押してもらえたら、ありがたいだろう。

『ハーバード流キャリア・チェンジ術』（翔泳社）にはこう書かれている。

「（強いつながりを持つ相手は）私たちのことをとてもよく理解し、転身を後押ししたいと思うかもしれない。だが、実際にはともすれば、こちらが捨てようとしているこれまでの個性や持ち味を支持し、なんとかして捨てさせまいとする。多彩で幅広い人脈があれば、臨機応変にキャリア・チェンジをしやすいだろう」[11]

「3次の隔たり」

親しい仲間との付き合いやゆるやかな知人関係にはかぎりがあるが、私たちの人間関係はこれだけにとどまらない。誰かと出会ったら、相手と自分に共通の知り合いがいることがわかった――こんな経験について考えてほしい。

近所の金物店の店員が、あなたの義弟と一緒にヨセミテ国立公園を端から端までハイキングした経験を持つと言い出した。交際を始めたばかりのガールフレンドが、実は自分の上司の奥さんと同じボウリング・クラブに属している……。こんな発見の後は「世の中って狭い」とつぶやきたくなる。

だが、世の中は本当にそんなに狭いのだろうか？

心理学者のスタンレー・ミルグラムと弟子のジェフリー・トラバースは、世の中はまぎれもなく狭いことを確かめた。私たちは時々、知り合い同士の意外なつながりを知って驚くが、実際には世間はもっと狭く、もっと密につながっていたのである。[12]

ミルグラムとトラバースは1967年に有名な調査を行った。ネブラスカ州在住の数百人に、マサチューセッツ州のとある株式仲買人を知っていそうな相手に手紙を出すよう依頼した。そして、その株式仲買人の下に手紙が届くまでに何人の下を経由するかを追跡した。すると、マサチューセッツ州にある目当ての人物の自宅または事務所にたどり着くまでには、平均6人を介していた。

つまり、ネブラスカのもともとの差出人とマサチューセッツの受け手とのあいだには6次の隔たりがあったのだ。ここから「6次の隔たり」の理論が生まれた。

この理論によると、地球上のすべての人は、あいだにたった6人をはさむだけでつながっている。実際、デジタルの時代になった後に実施された他の研究も6次の隔たりと同じ結論に達し、ミルグラムの発見の正しさを裏づけた。[13] ミルグラムらの研究は、地球上に人間による巨大な相関関係が展開していることを示している。

これがあなたのスタートアップ的人生《キャリア》戦略にとって持つ意味はとても大きい。

あなたが医師を志していて、関心のある科——仮に整形外科としよう——の権威に会いたいとする。聞くところによれば、紹介がないかぎり面会は無理だという。幸いにも、相手と自分との隔たりはわずか6人のはずだ。

ただし、ミルグラムのように1人の親しい友人に頼んでメールを送ってもらい、5、6人を経由して先方に届くと期待するのでは、効率も悪いし心もとない。たとえお目当ての人物の下に届いたとしても、紹介の威力はかなり弱まっているだろう。「あなたの友人の友人の友人の友人の友人の友人です」と言ったのでは、いかにも迫力不足だ。

ここで「6次の隔たり」についての注意点がある。これは学術理論としては正しいが、あなたの仕事上の助けになりそうな人に面会するとなると、重要なのは「3次の隔たり」である。ここでは「3」という数字がカギを握る。あなたが2次、3次の隔たりのある相手に紹介された場合、仲介者のうち少なくとも1人は、あなたかお目当ての人物のどちらかをじかに知っているはずだ。

仮にあなたがセーラとつながろうとしており、あなた↓カレン↓ジェーン↓セーラというつながりがあるなら、あなたとセーラには「3次の隔たり」がある。あいだにいるカレンとジェーンは、ここで新たに結びつこうとしている2人、つまりあなたとセーラのどちらかを知っている。このようにして信頼が保たれるのだ。

ここにもう1段階加わると、連鎖の真ん中にいる人はあなたとセーラのどちらも知らないから、紹介してもはたして物事がすんなりいくのか確信が持てない。友人の友人の友人とはいえ、しょせんは赤の他人なのに、なぜ赤の他人同士を紹介しなくてはならないのか？

さらに「6次の隔たり」理論は、情報ルートの全容がほとんど見える世界を前提にしている。つまり、つながりのある1人ひとりが、誰にメールを転送すればお目当ての人まで届くかを知っている必要があるのだ。そうでなければ、メールはもっと遠回りしてしまうかもしれない。だが、もし人間世界の相関図があれば、あなたと医師とを結ぶ最短経路を突き止められるはずだ。

もちろん、いまでは、そうした相関図がある。ソーシャルネットワーク・サービス（SNS）が、「世界中の人間同士のつながり」という漠然としたものを、形のある検索可能な対象に変えているのだ。

専門性の高い仕事に就く約8億人のプロフェッショナルがリンクトインに登録している。リンクトイン上で検索すれば、知り合いやその友人を見つけ、彼らの力を借りてできるかぎり仲介者の少ないかたちで著名な医師への紹介を取りつけることができる。やみくもにメールを出して、あとは5、6人を経てお目当ての人物に届くことを祈る必要はない。

仕事上の人脈をいくら広げても、6次の隔たりによってこの地球上のおよそ70億人とつながることができるわけではないかもしれない。それでも、2次、3次の隔たりまでは、紹介者をとおして自分の人脈に取り込むことができる。

これはかなりの人数である。あなたに40人の友人がいて、彼らにそれぞれ35人の友人がいて、さらに彼らにそれぞれ45人の友人がいるとしよう。40×35×45＝6万3000だから、紹介をとおして合計6万3000人もと知り合うことができるわけだ（友人関係には重複もあるから、それを差し引くと合計人数は少し減るだろうが）。

リンクトイン上で170人とつながりのある人は、実は、200万人超のプロフェッショナルとのネットワークの中心にいるのである。

世界は小さいかもしれないが、あなたのネットワークは小さくない。リンクトインが最初の頃マーケティングで「あなたには自分で思っているより大きな人脈がある」とうたっていたわけが、おわかりだろう。実際にそのとおりなのだから！

■自分を確実に紹介してもらう秘訣

これで一流の外科医、理想的なエンジェル投資家、関心のある企業の採用担当マネジャーなど、あなたにチャンスをもたらす相手との面会にこぎつけるための、最適な経路がわかっただろう。

では、あいだに入る2次、3次のコンタクトと実際につながるにはどうするか。

紹介を頼めばよい。お目当ての相手を知る友人に、紹介を依頼するのである。共通の友人を介して誰かとつながるのは、パスポートを提示して国境を楽に超えるようなものだ。信用の力により、たちどころに交流が始まる。

2次、3次のつながりに該当する人と会いたいときは、いつでも誰かに紹介を頼もう。たいていの人は、頭ではわかっていても実行しない。友人や仲間に頼みごとをするのはきまりが悪いからだ。目指す相手にじかに連絡するほうが手っ取り早い。それに、面識のない人から、がっかりする返事が来たり、返事が返って来なかったりしても、期待が低い分受け入れやすい。たしかに、依頼される相手はただの知り合いのために紹介の労をとる義理はない。それでも、単刀直入に頼まなくてはいけない。そのために、自分だけでなく、他の関係者のためにもなるという説得力のある理由を添えるのだ。

「レベッカはテクノロジー業界で働いているから、彼女に会って話をしたい」ではいま一つだ。「僕の会社がレベッカの会社との提携を検討しているから、彼女と話をしたい」と切り出すと、紹介が自分だけでなく先方にもメリットをもたらすように聞こえるから、こちらのほうがよい。

紹介を依頼する目的で誰かに連絡を取ろうとするときは、どう先方の役に立とうとしているかをはっきり伝えるべきだ。少なくとも、先方の時間を無駄にはしないと請け合おう。

そうすることで、仲介する人は、あなたの依頼に応じることで、社会資本を蓄積できるし、少なくとも信頼を台無しにすることはない。

面識を得たい相手に自分が役立つ方法を見つけ出すか、そこまでいかなくてもせめて、最も大切な共通の利益が何かを探ろうとするなら、いくらかの下調べが効いてくる。

無料の出会い系サイトオーケーキューピッド（OkCupid）が、会員が気に入った相手に最初に送るメッセージ50万通以上を調べたところ、「あなたは……と書いていますね」「僕が見たところでは……」「……に興味があって……」といった表現が入っていると、返事をもらえる可能性が高かったという。[14] これらは、相手のプロフィールをよく読んだことをほのめかすフレーズである。

出会い系サイトではこうした努力をするのに、仕事で誰かに連絡をとる際には、なぜかこの基本的なテクニックを用いない。みんな相手について何も調べずに、決まりきった依頼文を送り付けてくるのだから、あきれるばかりだ。

30分でいいから自分とつながっている人々について調べ、そこで知った内容をもとに文面を工夫すれば、キラリと光るだろう。

共通の知人が紹介に同意してくれたら、お目当ての人物に転送可能なメールを送ろう。メールは、共通の知人に書いてもらうのではなく、自分自身の言葉で書こう。橋渡しをしてくれる人に向けて書くのではない。その人が冒頭に言葉を添えるだけで転送できるように、紹介の円滑化をはかるのがポイントだ。

以下の例では、ナンシーが共通の友人だ。

こんにちは、ナンシー

ACME株式会社のリンダの紹介をお願いできるとのこと、どうもありがとう。ご存じのとおり、僕はXYZ株式会社のプロジェクト・マネージャーで、クラウド（AWS、グーグル・クラウド、Azure《アジュール》など）の専門家とお話ししたいと思っています。

リンダが最近、このテーマに関する記事を書いていました。オンプレでサーバーを維持せずに、クラウドへ移行することでコストを削減する方法が非常におもしろかったので、いくつか質問したいと思っています。

もしかしたらこのテーマに関して僕が行ったリサーチは、リンダにご興味を持っていただけるかもしれません。

よろしくお願いします。

ベン

ナンシーはこのメールを受信すると、転送ボタンを押し、冒頭に言葉を添えた。

こんにちは、リンダ

長年の友人のベンが、あなたとお話ができないかと言っています。下記のメールをご覧ください。

ベンは信頼できる友人で、時間をつくる価値があると思います。よろしければ、ご連絡いただけませんか。お忙しければ、ご返信いただかなくても大丈夫です。よろしくお願いします。

ナンシー

リンダは「喜んで、ベンに連絡する」とナンシーに返信する。これが、和やかに進む紹介の好例だ。

自己紹介や仲介依頼がうまくできなければ、何にもならない。本腰を入れよう。月に少なくとも1件は誰かから自己紹介を受けたり、自分から誰かに自己紹介したりしないようでは、おそらく、仕事上のつながりやその周辺にいる人々との縁を十分に活かしているとはいえない。

■赤の他人への連絡も（ときには）役に立つ

連絡を取りたい人物を紹介してくれる人が自分の人脈の中にいなくても、完全にお手上げというわけではない。よく練られたメールは、たとえ宛先が完全な他人であっても、大きな効力を発揮する。

2012年、25歳のアダム・リオンは、画期的なビジネスプランを思いついたが、起業に必要な資金がなかった。

彼は数年間保険業界で働いた後、バックパッカーとして南米を半年間さまよっているあいだに、業界に革命を起こすと確信できる起業アイディアを思いついた。顧客にとってベストで最安の保険を比較して、自動的に選んでくれるオンラインサービスだ。

やがて、シードアクセラレーターに認められると、「ザ・ゼブラ」と名づけたシステムの開発に取りかかり、そこで稀有な行動をとった。

面識のない億万長者のマーク・キューバンにメールを送って、出資を依頼したのだ。リオンは、キューバンのメールアドレスさえ知らなかったが、なんとか推測した。「保険業界に革命を起こしませんか?」というメールのタイトルと、後続の内容がキューバンの注意を惹いた。それから1時間も経たないうちに、キューバンはリオンに返信し、2人はビジネスプランについて語り合った。キューバンはザ・ゼブラに出資し、2人は二人三脚で、最初のメールに書かれた夢を実現する会社を設立した。

本書の執筆時点で、同社の時価総額は10億ドル以上になっている。すべては、面識のない人への1通のメールから始まったのだ。

面識のない人へのメールのコツはなんだろう? 起業家ラミット・セシによると、多忙な人が返信し、助けてくれるには3つの要素が大切だ。

1 内容がとても具体的で、その人だけに宛てて書かれている。

2 グーグル検索では見つからない示唆に富む内容が含まれており、それがメールの90%を占めていること。送信者の経歴や才能・今後のキャリアといった余計な情報は極力排除する。

3　決して、最初から仕事やお金を要求しない。見ず知らずの相手にメールを送って「成功」するカギは、いきなり目的を達成するのではなく、次の会話やミーティングにつなげることだ。

さらに4点目をつけ加えるなら、「かたくなりすぎない」ことだ。

多忙な人が日々たくさんのメールと格闘している中で、ちょっとしたユーモアは好印象だ。研究によると、ユーモアは相手に「頭がいい人だ」という印象を与える。

面識のない人に直接アプローチするのには、繊細な技術が必要で、知人の紹介に比べて成功する確率は低い。だが、うまくいけば人生が変わる。

大胆にチャレンジしてみよう。面識のない人同士が一緒になって取り組むと、相乗効果で爆発的な力が発揮される。

・・・

ここまで読み進めてきたあなたならきっと気づいているように、誰よりも大勢とつながりを得た人と、誰よりも好ましいつながりを得た人とのあいだには大きな違いがある。[15]
つながりの価値は、アドレス帳に載る人数では表せない。大切なのは、仲間、信頼できるつながりの結束力と多様性、つながりの中を飛び交う情報の鮮度、ゆるやかな結びつきの広がり度合い、2次・3次のコンタクトとの面識の得やすさである。

自分にふさわしいつながりを持つのが望ましい。

あなたが生き方を模索している若者なら、さまざまな分野でのゆるやかな結びつきがひときわ有用だろう。やがて、そうして結びついた人が盟友になることもある。

中堅なら、これまでに身につけた独自のスキルやキャリア資本を有効活用して、助言を求められる仲間を増やしたり、特定の分野で深いつながりを築くのがよいだろう。もしキャリアパスの変更を考えているなら、ゆるやかに結びついている知人に連絡を取ってみよう。

キャリアの中では、家族との時間を増やしたくなったり、より健康的なライフスタイルを望んだり、旅行や趣味に使う時間を増やしたいと思うときもあるだろう。仕事上の仲間や知人も同じような経験をしている可能性が高いので、新たな目標に向かってキャリアを再検討する際にヒントをくれるだろう。

何を優先するにしても、自分のつながりを大切に育てよう。あなたの人生《キャリア》は、互いに支え合える人たちと、広い心でうまく接することができるかどうかにかかっている。

つながりをどう維持し、強化するか

人間関係は生きものと同じである。食べ物、栄養、気遣いを絶やさずにいると、うまく育つ。世話を怠ったら生気が失われる。

これは種類や親しさの度合いにかかわらず、すべての人間関係に当てはまる。絆を深めるいちばんの方法は、長期にわたるいい意味でのギブ・アンド・テイクをすぐに始めることである。相手のために何かをしよう。相手の役に立つのだ。

でも、いったいどうやって？

ツイッターの創業者ジャック・ドーシーが、モバイル向けのクレジットカード決済会社スクエアの共同創業に乗り出したとき、大勢の投資家から関心を示された。すごいアイディアを持ったすごい起業家の下には、なんとか出資させてもらおうと投資家が先を争うようにして押し寄せるものだ。

ディッグとミルクの2社を創業したケビン・ローズは、スクエア対応のカードリーダーの試作品を一目見た瞬間に、「小企業向けのサービスとしていける」と直感したという。そこでドーシーに、出資する余地はあるかと尋ねたのだが、返事は「もう枠は埋まっている」というものだった。これ以上の出資者は必要とされていなかったのだ。これではしかたない。

だが、ローズはそれでもなんとかして力になりたかった。そして、スクエアのウェブサイト上にはカードリーダーのしくみを紹介する動画がないことに気づいた。そこでカードリーダーを紹介する鮮明な動画を仕上げて、「参考までに」とドーシーに見せた。これに感激したドーシーは、起業後の初の増資にあたってローズに「好きなだけ出資してほしい」と声をかけた。スクエアはいまでは巨大企業へ成長している。

ローズは相手に付加価値をもたらす方法を考え出したが、見返りなど求めなかった。ただ動画をつくってドーシーに見せただけである。無償の行いだったのだ。言うまでもなくドーシーはこれをありがたく受け止め、お返しをした。

誰かに力添えをするときは、腕の見せどころでもある。「影響力、財力、経験などで劣っているなら、他人に何かをもたらすことはできない」などというのは思い違いだ。誰もが有用な人助けをすることができる。

精神的な支えになったり、建設的な意見を出したり、地元の町で開店したばかりの流行りのレストランの情報を教えたりと、どんなことでもいい。もちろん、仲間の力になるだけのスキルや経験があれば百人力だろう。

次に、どんな手助けがあなた自身や相手にとって役に立つのかを見極めよう。たとえば、知り合ったばかりの相手に、新しい働き口を探していると切り出したとしよう。相手がすぐさま「あなたに打ってつけの求人案件を知っている」と言ったとする。

これは役に立つだろうか？　とんでもない。悪気がないのは明らかだが、相手はおそらく、あなたにとってどんな仕事が打ってつけか、まったくわかっていないだろう。「君のスキル、興味、経歴について話してくれないか」と聞かれた後に、熟考されたお薦めの情報を後からメールでもらうほうが望ましいはずだ。

役に立つためには、相手がどんな価値観を持ち、何を優先しているかを知ったうえで、それに見合った実行可能な後押しをする必要がある。相手は何を得意としているのだろう？　午前2時まで没頭してしまうほど好きなことってなんだろう？　興味関心は？　将来の目標は？　色々考えられるはずだ。

相手のニーズ、課題、望みがわかったら、ささやかな贈り物を考えてみよう。といっても、アマゾンのギフトカードや葉巻ではない。お金はほとんどかからないが、相手にとって貴重なものを贈るのだ。

もしかしたら、目に見えないものかもしれない。典型例は、相手の琴線に触れそうな情報や記事、紹介、アドバイスなどである。高価で仰々しい贈り物はむしろ逆効果になる。袖の下を使っているような印象を生みかねないのだ。高価ではないが心のこもったものなら最高である。贈り物を選ぶときは、「自分ならではの経験やスキルは何だろう」と考えてみるとよい。相手にはない自分の持ち味とは？

だから、人とのつながりというソフト資産を形成することは重要になってくる。実績が増えるほど、自分のネットワークで助けられる人が増えてくる。さらに、助けたお返しをしてもらえると、より実績が増えるという好循環が生まれる。

たとえば極端な想定をしてみよう。ビル・ゲイツに役立つ贈り物とは何だろう？　第三者を紹介しようとしても、役には立たないだろう。相手は、望めば誰にでも会えそうな人物なのだから。

ゲイツ財団についての記事を送るのもダメ。当人がインタビューに応じた可能性が高いのだ。彼のプロジェクトに出資する？　いやいや、相手は大富豪ではないか。

趣向を変えて、情報を提供することを考えよう。

もしあなたが大学を卒業したばかりなら、ゲイツ（のような人）に、大学で目立つカルチャー・トレンドについての情報を提供してはどうだろう。次の時代を担う大学生が何を考え、どう行動しているかという情報について、ＩＴ界やビジネス界の重鎮は興味しんしんだが、どれだけお金があっても、手に入れるのは難しいものだ。

こうしてちょっとした情報提供をするには、このように自分に質問してみよう。

自分だけが知っていること、あるいは持っているものは何だろう？　音楽、本、写真、信頼できる犬の散歩代行の電話番号、興味深いツイッターのアカウントなどなんでもよいから、自分にしか贈れないものを選ぼう。これが、ささやかだがとても気の利いた贈り物の極意である。


相手を助けるのが絆を深める最高の方法だとするなら、次によい方法は、自分が助けてもらうことである。かの偉人ベンジャミン・フランクリンも、「友人をつくりたければ、頼みごとをするとよい」という言葉を残している。

誰かから手を差しのべられても、「相手のために何かしただろうか？」と首をひねったり、「どんな裏があるのだろう？」と疑ったりしないことだ。そんなふうに考えてしまうと、人助けが打算に満ちたものになってしまう。

ぜひ会いたいと思うような人に紹介してもらえるとか、大切なテーマについて数々の知恵を分けてもらえるなら、喜んでその機会を活かし、感謝の気持ちを伝えよう。相手も自分も心が温まり、互いの距離が以前よりも縮まるだろう。

■連絡を絶やさないのは、迷惑ではない

忙しいCEOの下に「求人中なのですが、誰かよい人材を知りませんか」といったメールが舞い込んだ場合、あなたのことが思い浮かぶだろうか？　自分のことを思い出してもらうためには、受信ボックスやお知らせ一覧の上のほうに名前がなくてはならない。

わかりきったことだが、人材の抜擢は公平に行われるとは限らない。機会が巡ってくるのは、真っ先に頭に浮かぶ人だけである。CEOの頭に最初に思い浮かぶのは最近接した相手のはずだ。


連絡を絶やさずにいるために技術的に難しいことは何もない。

ときどき、何ヶ月も連絡がなかった相手から「ずぼらなもので……」とすまなそうに連絡をもらうことがある。まるで「手短にメッセージをさっと送れるのはもともとの能力だから、自

分には苦手で」とでも言いたげだ。しかし本当のところは、知り合いとまめに連絡を取るには、そうしたいという思いと、ちょっとばかりの準備や先回りの気持ちがあれば十分だ。

以下に、覚えておくべき事柄を記しておく。

● あなたはおそらく相手の迷惑にはなっていない。誰かに連絡をとったり、ご機嫌伺いしたりすることに関して、「迷惑なのではないか」「押し付けがましいと思われるのではないか」という不安を持つ人が多い。

「一緒にコーヒーでもどう?」とメールを送ったのに返事がないから、1週間後に再送してみるが、またもなしのつぶて。さて、どうしたものか。3度目の挑戦をしたら、「ずうずうしい」と思われるだろうか?

場合によるが、たいていはとりこし苦労だろう。返事がなければ丁寧に連絡を入れ続けよう。色々なメッセージ、贈り物、手法を取り混ぜるとよい。迷惑メールも増えているから、あなたのメールは受信ボックスの中で埋もれていることも珍しくない。「ノー」という返事が来ないかぎりは、それは決定的な「イエス」でも「ノー」でもないので、断られたわけではないと考えてよいだろう。

実際、多忙な人は送信者の熱意を確かめるために、最初の返信を保留にすることもある。

● 相手に応じたメッセージを送ろう。ありきたりな挨拶や近況の他に伝える内容があるときは、連絡を取ろう。たとえば、知り合いの名前がニュースに出ていたとか、相手が書いた、または掲載された記事を読んだ、求人条件に合いそうな人材に心当たりがある、といった場合である。

● 「馴れ馴れしいと思われるのでは」と心配なら、1人ではなく大勢に連絡しているという体裁にしよう。
長く音信不通だった高校の同級生に連絡するのは、唐突な感じがするだろうか？ そんなときは、「相手に応じたメッセージを送る」という一般的なルールには反するが、その人だけに連絡をとっているのではないという体裁にするのがコツだ。「高校時代の仲間たちと旧交を温めようと思って。どう、元気にしてる？」というように。

こうすれば、藪《やぶ》から棒な印象はいくらか弱まるはずだ。違和感が和らいできたら、相手に応じた個別のメッセージにすればよい。

●じかに会うことは、オンラインで何十回も会うことと等しい価値がある。1時間の昼食をともにすれば、オンラインで何十回もやりとりするのと同じくらい、相手との絆を深められる。

コロナ禍で、オンライン上で会うことが一般化したが、できれば少なくとも一度は直接会おう。それで築ける精神的な絆には特別な価値がある。それに、散らかった自宅を隠すためのデジタル背景も必要ない。

誰かと音信が途絶えてしまったら、こちらから連絡してみよう。いきなり本題に入り、「すっかりご無沙汰してしまって」と戸惑いがちなメッセージを送る。かつて学校、勤務先、近所などで親しくしていた相手と旧交を温めるのは、心躍る経験だ。しかも、意味あるつながりを〝新たに〟築くための最も簡単な方法でもある。

▪「つながり貯金」を確保しよう

知人や友人と連絡を取り合うのはたしかに大切だと、大きくうなずいているかもしれない。だが、実際に連絡を絶やさずにいられるだろうか？

行動パターンはなかなか変えられるものではない。大切だとわかっていることをやらなくてはならない段になると、「明日にしよう」などと先延ばししたくなるものだ。

そんなわけで、起業家のスティーブ・ギャリティは、賢い解決策を編み出した。

スティーブ・ギャリティはスタンフォード大学でコンピュータ科学を学び、夏休みにはスタートアップでインターンとして働いた。2005年に修士コースを終えた後、「シリコンバレーで自分の会社を興したい」という気持ちを固めた。

とはいえ、成人してからずっとサンフランシスコに住んでいたため、その時点ですぐに起業したのでは、あと何年ものあいだそこから動けないだろうと懸念した。まずは少し環境を変えたかったのだ。

そこでシアトル近郊のマイクロソフト社にエンジニアとして就職し、モバイル検索技術に取り組んだ。シアトルにも大企業の文化にも、長く留まりたいとは思っていなかったが、従来と違った経験が刺激や勉強になるだろうと思ったのだ。

ただし、ギャリティには1つ大きな不安があった。シリコンバレーの起業家、ベンチャー・キャピタリスト、友人たちとのつながりを失ってしまわないか……。いつの日かシリコンバレーに戻って起業すると決めていたから、そこでのつながりを絶やしたくなかった。そこで、意識して現地の知り合いとの付き合いを保つことにした。

彼の創造性が発揮されるのはここからだ。つながりを保つための時間とお金をあらかじめ用意したのだ。

ワシントン州では個人や企業は所得税を課されないから、カリフォルニア州ではなくワシントン州に住むことによって、それなりの金額を節約できるはずだった。そこでシアトルに移り住んだとき、7000ドルの貯金を確保し「これはカリフォルニアのために使う資金だ」と宣言した。これが「つながり貯金」である。

ギャリティは、シリコンバレーの興味深い人たちから食事やコーヒーに誘われるたびに、飛行機でカリフォルニアまで行こうと自分に誓った。車で1時間走るのと同じくらい気軽に飛行機に乗った。

彼が遠方にいるとは気づかないスタンフォード大学時代の恩師から、「明日の晩、すごくおもしろい学生たちがわが家に遊びにくるんだ。君にとっても楽しい集まりになると思うんだが、よかったら一緒にどうか?」と電話がかかってきたときは、「はい」と返事をして飛行機の予約をした。

あらかじめ方針を決めて、それを守るだけのお金を用意してあれば、飛行機のチケット代を気にしたり、誘いを受けるかどうか悩んだりせずに済む。

こうして、マイクロソフトに勤務していた3年半のあいだ、少なくとも月に1回はカリフォルニアを訪れていた。

その甲斐はあった。2009年にカリフォルニアに戻ると、ヒヤセイラボ（Hearsay Labs）という会社を共同創業した。シアトルに住んでいたあいだ、ベイエリアを訪れるたびにソファをベッド代わりに使わせてくれた友人が、事業パートナーになったのだ。

■有力者ほど「自尊心を満たす一言」を待っている

「つながりのおかげで自分の力が何乗にもなる」原則には注意が必要だ。多忙な有力者とのつながりを保ちたいなら、立場の果たす役割に特別な注意を払わなくてはいけない。立場とは、その時々の社会環境における権力、名声、地位などを意味する。

序列は一定ではないから、各人の立場は周りとの関係や文脈で変わる。たとえばジェニファー・ローレンスは、エンターテイメント業界の大立者だが、同じ部屋にスティーブン・スピルバーグがいるとなると、やや影が薄くなるだろう。

アメリカ合衆国大統領はしばしば「世界最高の権力者」と呼ばれるが、ビル・ゲイツあるいは超人気トーク番組の司会者オプラ・ウィンフリーにはできても、大統領にはできないこともある。各人の地位は、その時々の状況と周りにいる人に応じて決まるのだ。


地位というテーマは、ビジネス書やキャリア本ではあまり扱われない。

往々にして、「人々に敬意を持って接しましょう」「相手の時間を無駄にしないよう気をつけましょう」くらいの言い古された助言のほうが好まれるのだ。これらはたしかによい助言だが、すべてを言い尽してはいない。


ビジネスの世界において、まるで上下関係が存在しないかのように、みな平等だという神話を好む人は多い。

だが、ビジネスの世界では権力争い、駆け引き、立場のひけらかしなどが日常茶飯事だ。自分より強い立場の人たちと一緒に仕事をするときは、こうした力学を頭に入れておくことが特に重要である。

経営者やCEOになっても、たいていは自分より立場の強い人たちと一緒に仕事をする。大成功している人は、著しく成果を上げているので、敬意を払われなくても気にしないと思ったら大間違いだ。立場の強い人は、自尊心をくすぐられたり、欲求が満たされたり、自分の力が周囲から頻繁に認められたりするのを期待している。

■平等だけど、平等ではない

根本的には、人間はみな平等に生まれついていて、生存、自由、幸福の追求といった誰からも奪われない権利を持っている。

しかし、それ以外の面では人間は平等ではない。上司、上司の上司、経営陣の他、地位の高い人と絆を結び、強めたいと願うなら、相手との立場の違いに応じて自分がどう振る舞うべきか、考えてみよう。この点を少し意識するだけで大きな効果が生まれる。

力関係に気を遣いながら社会を生き抜くのは容易でない。考えるだけでちょっとくたびれてしまいそうだ。

そんなあなたに朗報がある。古いルールが当てはまらない世界では、一気に影響力を増すことができる。量子力学がニュートン力学にとって代わったように、地位や力が自分の立場によってではなく、フォロワーの数によって決まる世界があるのだ。

ずばり、ソーシャルメディアだ。

「つながりのおかげで自分の力が何乗にもなる」という原則に、革命的な変化が訪れた。

フォロワーは「不労キャリア資本」

ここまでで、あなたのキャリアにおいて、強いつながりと弱いつながりの双方が果たす役割についてみてきた。さらに、仲間や知人——言うまでもなく、3次、4次のつながりとも——と関係性を深める方法についても検討した。

そこでここからは、キャリアにおいて影響力を増しつつあるソーシャルメディアについて着目しよう。

繰り返すようだが、ソーシャルメディアを上手に活用することも、すべてつながりに通じる。

しかし、昔ながらの人脈づくりと、ソーシャルメディアによる人脈づくりには、重要な違いがある。あなたとフォロワー間の不文律は、仲間や知人との不文律と異なる点である（もちろん、仲間や知人たちの多くが、ソーシャルメディア上であなたをフォローしていることもある）。フォロワーは友人たちとは違った期待をするものだし、フォロワーから得られる助けも異なる。

ソーシャルメディアでフォロワーが大勢いると、それだけで仕事になるし、影響力の高い人に会えるだけでなく、自分の影響力も高まり、仕事に欠かせないコミュニティの実情を正確に把握するのに役立つ。大金を稼ぎ、有名になることも夢じゃない。

フォロワー数が多ければ、キャリア資本を効率的に増やすことが可能だ。有料の定期購読者の数やクリエイター・エコノミーにおける売上が増加するだけでなく、知名度の向上によって、講演をしたり本を出版する機会も増える。ファッション業界やエンターテイメント業界といった「狭き門」の業界では、特定の企業や個人が多大な影響力を持っている。

さらによいことに、フォロワー数が多ければ多いほど、キャリア資本が自動的に増える。ツイートや投稿を積極的にしていなくても——極端な話、寝ているあいだにも——あなたの名声は拡大するのだ。

ティモシー・フェリスは、『週4時間だけ働く』（青志社）において、「不労所得」を増やすことを推奨している。つまり、最初に投下した時間・資本・努力から、追加の投資なしに収入が得られるようにするのだ。

たとえば、インデックス・ファンドへの投資は、（たいてい）時間とともに不労所得を生む。

課金すれば誰もが視聴できるオンライン研修をつくれば、同じように不労所得が生まれる。

自分が寝ているあいだにもお金が入ってくる仕組みをつくることで、単なる収入面だけでなく、ライフスタイルやキャリア面にも、魅力的な可能性が生まれるのだ。


同様に、フォロワーのことを「不労キャリア資本」として捉えてみよう。自分のつながりにおける他の人間関係を発展させるには、主体的に時間をかける必要があるが、ソーシャルメディアでは、一旦動きだせば、自動的に物事が運ぶ。

こんな経験をした読者もいるのではなかろうか。ソーシャルメディア上で注目される投稿――衝撃的な写真をインスタグラムに載せたり、ツイッターで話題の政治ニュースについて気の利いたコメントをつぶやいたり、気にくわない会社や流行について炎上発言したり――をすれば、自分がそのことについて忘れているあいだにも、人々がその話題に注目し続ける。

その結果、あとは何もしなくても、一度の投稿で世間があなたをインターネット上で見続けることになるのだ。あなたに対する注目は上がりっぱなしで、初期投資（1回の投稿）からリターンを得続けることになる。ひとたび投稿が「バズ」り、あなたの行動や考えに興味を持った人があなたをフォローすれば、追加の努力なしでも知名度は急上昇する。これにより、予期せぬチャンスが生まれることがあるかもしれない。

では、ソーシャルメディア上でのフォロワーを増やすために、どれだけの時間を使うべきだろうか？　この答えは気に入ってもらえるに違いない。あなた次第だ。

どんな仕事でも、フォロワー数が多いと、少なくともちょっとはプラスになる（もちろん、悪行によって、名声を台無しにしてはいけない。言うまでもないが、酔っ払っているときにツイートするのは論外だ）。

だが、仕事によって、フォロワー数の意義は変わってくる。ソーシャルメディアで自分のブランド力を上げるのにどれだけ時間と労力を使うべきかは、自分の属している業界の力学を考えて決めよう。

仕事と販売が直結している職業——小売やコンテンツメーカー——は、自分が大量消費市場《マス・マーケット》と直結すれば、フォロワー数が多いと大いにプラスになるだろう。

作家、芸術家、ミュージシャン、不動産仲介業者、レストランのオーナーなどは、ソーシャルメディアを使うと、最も効率的にファンや消費者や顧客にリーチすることができる。

ファッション業界やエンターテイメント業界といった参入障壁の高い「狭き門」な業界では、特につながりが有効だ。自分のフォロワーの中にフォロワーの多い人がいれば、自分の投稿がテレビドラマの脚本を書くといった仕事につながることもあるかもしれない。
多くの人の注目を浴びる仕事をする人なら誰でも、ソーシャルメディアによって、ブランドのコラボからファンとの交流までさまざまな機会を生みだせるのだ。

フォロワー数が多いことが役立つ職業は他にもある。コンサルタント、コーチ、経営者、学者、政策立案者、イノベーターといった人たちだ。こうした「オピニオン・リーダー」は、フォロワー数が多いと、講演会や書籍の出版などの機会が増える。さらに、自分が苦労して手に入れた知恵や経験を人に伝えるというかけがえのない機会を得られる。

あなたがこうした職業についているなら、短期的な利益を得ることよりも、自分の生きる道において認知度を高めることが何よりも大切である。ソーシャルメディアをぜひ活用すべきだ。

多くの人から注目を浴びても、あまり恩恵を得られない仕事もある。黒子になって働くことが多い人にとっては、フォロワー数はあまり重要でない。医療従事者、プロデューサー、公務員などが当てはまる。こうした職業でも、ソーシャルメディアから恩恵を得られる場合もあるが、その有用性は限定的だ。

ソーシャルメディアの活用に関して、忘れずに伝えておきたいことがある。もし、フォロワーを集めることが自分にとって過剰な負担になるなら、エネルギーを別のことに使うべきだ。時間がかかりすぎたり、ストーカー行為に悩まされたり、コミットし続けるのが大変な場合などである。

シリコンバレーでも、ソーシャルメディアを活用せずに大成功している人は大勢いる。彼らは、何も投稿しなかったり、そもそもソーシャルメディアを使ってさえいなかったりする。だが、それで足を引っ張られることはもちろんない。

かけがえのない資質が市場にうまく適応しており、強固な人脈もあって、名声のおかげで受動的な社会資本が増えていく状況であれば、フォロワー数を増やす努力をする必要はない。自己顕示欲も高くないのであれば、費用対効果の観点でもソーシャルメディアは不要だ。現実の世界で十分に成功していれば、フォロワー数など気にしなくてよいのだ。

そこで自問してみよう。ソーシャルメディアは、自分の業界でどんな役割を果たすだろうか？ ソーシャルメディア上で、自分自身が存在感を出す意味は？ そして、フォロワー数を増やすことによって、自分のキャリアはどのように前進するだろうか？

フォロワーの増やし方

一夜にして獲得できるフォロワーの数には限界がある（ボットの購入は別として）。現在、ベンと私には、数十万人のフォロワーがいるが、言うまでもなく2人とも「フォロワー0人」から始まった。

インターネット上の誰もがそうだ。歌手のビヨンセでさえフォロワー0人から始まった（もっとも、ほんの少しの間だけだっただろうが）。みな、コツコツと時間をかけてフォロワーを増やしていき、やがてそれが大きなキャリア資産になったのだ。もしトライするなら、これから挙げるいくつかの原則を覚えておくとよい。

▪エッジを効かせよう

尖っている人は興味を引く。私たちは、議論を呼ぶようなアイディアや信念を内に秘めているが、物怖じして共有しようとしない。

しかし恐れてはいけない。公表するのをためらってしまうような考えこそが、騒がしいソーシャルメディアのフィードの中では目を引く。

「このトピックについて自分なんかがコメントしたところで、気にしてくれる人なんているだろうか」などと自分のエゴがブレーキになっているようなら、インターネット上のコンテンツの大半はつまらないものであることを思い出そう。

オフラインでの仕事上の人間関係と同様に、相手にとって有益なコンテンツを共有するのは、有効な戦略だ。試行錯誤をしながらキャリアを築くタイプなら、経験から学んだ教訓を、読者に役立つかたちで投稿できるだろう。

「教訓になる」投稿は人気がある。世界はあなたが発信するのを待っている！

■どんどん「いいね」しよう

互いに頼ることが仲間や知人との人間関係において鍵になるのと同様に、フォロワーを獲得してオンライン上での交流を活発化したかったら、あなたも他の人を積極的にフォローしなければならない。

他の人の行為をほめ称え、「いいね」を押したり、自分から積極的にリツイートしたりしよう。下心なしに自分から他の人を助けよう。ソーシャルメディア上の「善意に基づくシステム」に参加するのだ。

▪弱みをさらけ出す

ソーシャルメディアはいまや人間関係において、仕事帰りに親しい同僚と飲みに行くようなものだ。過去の成功や失敗について、ざっくばらんに話したり、一緒に笑ったりもしながら、互いに考えや気持ちを共有する。仕事上の課題や失敗であればもってこいで、実際みんなそうした話が大好きだ。

自分の失敗について話し、そこから得られた教訓を共有しよう。自信がある成功者たちは、常にスーパースターのように振る舞わなくてもいいことを知っている。ときには自虐ネタもいいし、機転を利かせて笑いをとるのも一興だ。

▪「整いすぎた」投稿は読まれない

企業のお偉方にありがちなミスは、堅苦しく、洗練されて、周到に準備しすぎた投稿をしてしまうこと。

何よりも大切なのは、ありのままでいることだ。フォロワーの心を掴んで離さないコンテンツを自然と生み出す人々をよく調べてみると、彼らはみな人間臭い。インターネット上で、企業の商売目的のアカウントより、個人アカウントのほうが多くの人にフォローされているのには理由がある。

ツイッターの企業アカウントでも成功しているのは、デニーズやウェンディーズといったレストランのチェーンで、どちらからも、人間らしい生の声が感じられる。

ここで、リンクトインを用いた簡単な例を比較してみよう。

機械的な投稿の例……「株式会社ACMEは、このたび新製品を発表しました。本製品による顧客満足度の向上をお約束いたします。こちらをクリックして、プレスリリースをご覧ください」

人間味のある投稿の例……「お客さまに喜んでもらえるものをと毎日試行錯誤して、こんな商品をつくりました。ぜひ率直な意見を知りたいです。@ジェーン、@ジャック、このプロジェクトに尽力してくれてありがとう！」

■「単純接触効果」をつくれ

発信はまめに行おう。

結局のところ、現実のコミュニティでも、1ヶ月に1度しか会わない友人より、毎週会う友人とよりつながりを感じるのではないだろうか。オンラインでも、頻繁に投稿する人が報われる。

私たちは、しょっちゅう目にするものを好む。心理学では、この現象を「単純接触効果」と呼んでいる。単に触れる頻度が増えるだけで、私たちはそれをより好きになるのだ。ソーシャルメディアにほとんど投稿せず直接あまり会わない仲間や仕事外の友人よりも、ソーシャルメディアに頻繁に投稿している知人のほうに、つながりを覚えたりはしないだろうか。人の心とはそういうものなのだ。

■現実世界をおろそかにしない

オンラインで自分の宣伝ばかりしたり、やたらと知ったかぶりのアドバイスをするのはやめよう。それは、現実の世界でしっかり地に足をつけて成功してからでも遅くない。羊頭狗肉にならないように注意しよう。

オンラインで発信力をつけてから、オフラインでの実績につなげたいと思うかもしれない。だが順番が逆だ。オンラインでのブランドは、現実世界ですでに築いたつながりを補い、実際のキャリア資本を反映するためのものだ。

フォロワー集めに力を入れすぎて、価値のあるスキルを磨いたり、現実の世界における「強いつながり」づくりを疎かにしてしまうと、ソーシャルメディア上での影響力を有効活用するのが難しくなってしまう。

ツイッターやインスタグラムなどで脚光を浴びると興奮するかもしれないが、ソーシャルメディアに熱が入りすぎると肝心な仕事の妨げになる。長続きする価値は、まやかしによってではなく、地に足のついたスキルと実績によって生み出されるのだ。

■一部のフォロワーを仲間や友人に変えよう

フォロワーより友人のほうが大切だ。そして、あなたのフォロワーの中には、きっと潜在的に友人になる人が含まれているはずだ。

ソーシャルメディアは格好のフィルターとして機能する。現在何をしていて、普段何を考えているかがわかる。読んでいる情報や、将来の目標もわかる。もし、あなたがオンラインに投稿したコンテンツを誰かが読んで気に入ってくれていれば、その人とはオフラインでも仲間になれる可能性は十分にある（または無料の宿を手に入れられることもある。かつてベンは、アジアで3ヶ月間、自分のブログの読者の家を渡り歩いた）。

ソーシャルメディアによって、3次や4次だけではなく、ときには5次や6次のつながりの人と、直接つながりを持つことができる。自己紹介さえ必要ない。

ソーシャルメディア上では、フォロワーでない人が仲間や友人、果ては雇用主に変わることもある。

ウーバーの第1号社員ライアン・グレイヴスの例を見てみよう。2010年、彼はウーバーの創業者トラヴィス・カラニックのツイートに気づいた。新規事業担当の幹部を探しているという。

トラヴィス・カラニック@travisk・2010年1月5日
「プロダクト・マネージャー急募。ベンチャー企業での位置情報サービスのベータ版開発案件。多額の資金調達済みで、多くの人が携わっている仕事。情報求む」

ライアン・グレイヴス@ryangraves・2010年1月5日
「情報あり。メールください（^^）graves.ryan［at］gmail.com」

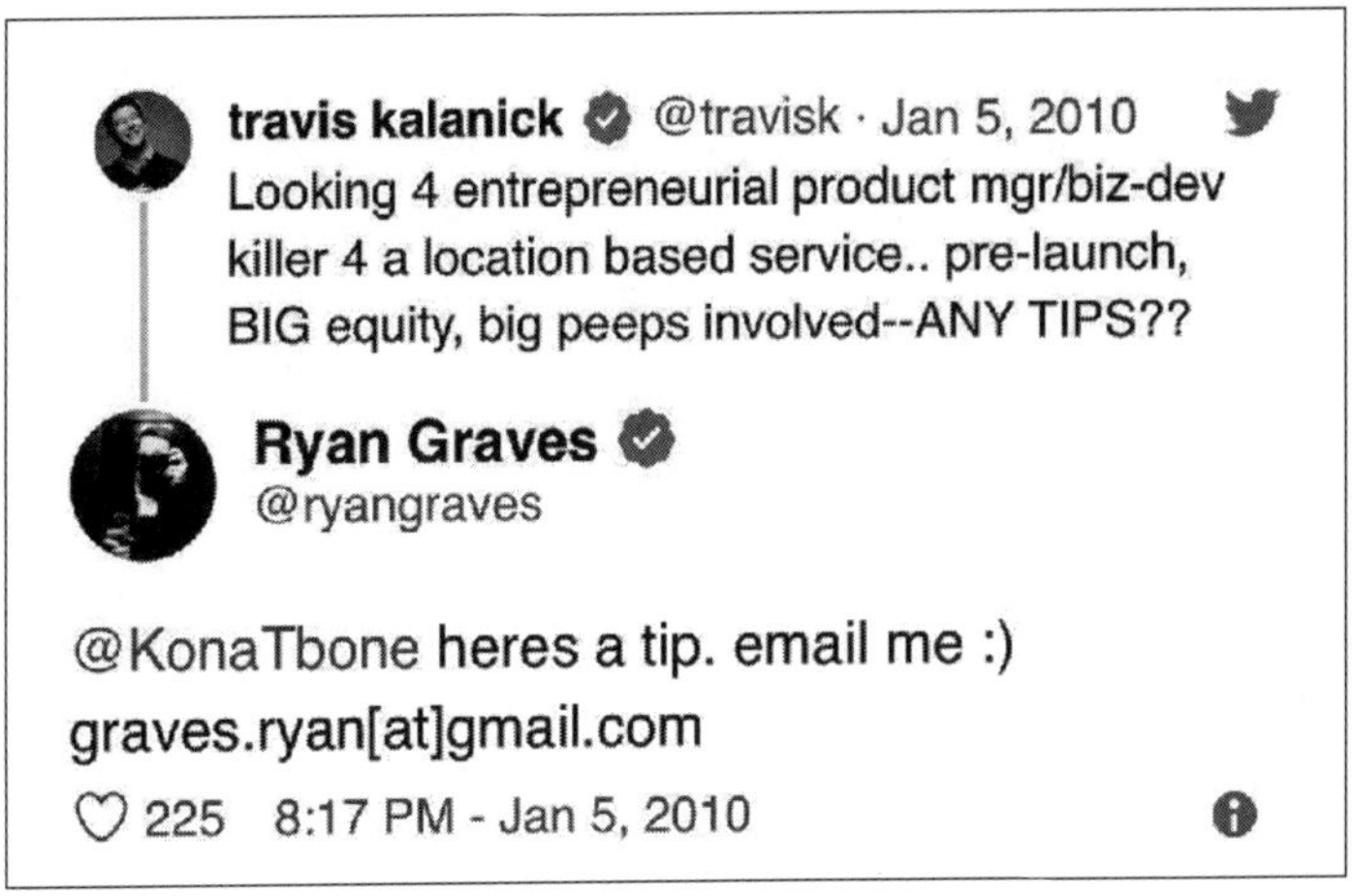
travis kalanick @travisk · Jan 5, 2010
Looking 4 entrepreneurial product mgr/biz-dev killer 4 a location based service.. pre-launch, BIG equity, big peeps involved--ANY TIPS??
Ryan Graves
@ryangraves
@KonaTbone heres a tip. email me :)
graves.ryan[at]gmail.com
225 8:17 PM - Jan 5, 2010

グレイヴスは、ツイッター上で返信し、それがきっかけとなって、オンライン上の人間関係が、現実世界での仲間へと発展した。それから数年のうちに、グレイヴスの個人資産は数十億ドルに膨れ上がった。ソーシャルメディアには、人脈を開拓するうえでのフロンティアが広がっている。なんだって起こりうるのだ。

本書の著者2人も、グレイヴスのように大胆なビジネスパーソンとオンラインでつながって、直接恩恵を受けた。

本書の旧版『スタートアップ！』（日経BP）が2012年に世に出た後、進取の精神に富むジェリー・ティンという大学生が、南カリフォルニア大学のキャンパスで、『スタートアップ！』学生フェローシップの地域支部を創設した。

彼は友人たちと集まって本書のアイディアを語り合い、知識や人とのつながりなどソフト資産へ投資する計画を立てた。さらに、ソーシャルメディア上で私たちをフォローして、その後も私たちの考えに触れ続けた。

その後ハーバード大学のロースクールを卒業するとすぐ、起業を決意した。契約書の管理にＡＩを用いるエヴィソートという会社を設立したのだ。

当時、ジェリーと私たちは、ゆるやかな関係とはいえ、オンライン上で何年間もフォローし合っていた。そのため、ヴィレッジ・グローバル（ベンが経営に携わり、私が設立を支援したベンチャー・キャピタル会社）が彼の最初の出資者になるのに、複雑なフローは必要なかった。

現在エヴィソートは数千万ドルの資金を調達し、数百人を雇用して、旧態依然としていた契約関連業務に革命的変化をもたらそうとしている。

もしフォロワーの中からオフライン環境でも会いたいと思える人がいないようなら、フォロワー集団に再考の余地があるかもしれない。公の場での交流を、個人的な交流にまで発展させるのを習慣にしよう。ソーシャルメディアで始まった関係を、オフラインでも会う関係へとつなげていくのだ。

オンライン上でフォロワーを増やす理由と方法についての入門編はここまでだ。伝えたかったのは、すぐに陳腐化してしまう小手先の技術などではなく、オンライン上で成功するための普遍的な原則だ。あらゆるプラットフォームは常に進化しているし、あなた自身もそうすべきだからだ。経験が増えれば、自分の目的や仕事内容にあった応用的な内容をたくさん身につけることだろう。

では……オンラインでお会いしましょうか？

自分に投資しよう

明日すること——

☑ 過去6ヶ月間のカレンダーを見て、誰と一緒にいた時間が長いか、上位5人を割り出そう。あなたは、これら5人が自分におよぼす影響を快く受け止めているだろうか？

来週すること——

☑ 自分が直面する課題を思い出し、旧知の誰かに、力になってくれそうな人物の紹介を依頼しよう（助けを得られるだけでなく、同時につながりを広げることもできる）。

☑ 仮にあなたが今日、勤め先から解雇されたとしよう。10人にメールを送って次にどうすべきかを相談するとしたら、その10人は誰だろう？　具体的な相談事のないいまのうちに、その10人に連絡をとっておこう。「転ばぬ先の杖」になる。

☑ 自分が一皮剝ける投稿をソーシャルメディア上にしてみよう。少しくらい、気後れしてしまう内容でもよい。

☑ 興味深い人を探して、新たに5人フォローしよう。

来月すること——

☑ 自分のつながりの中から、いまのところは弱いつながりしかないが、仲間としての関係を深めたいと思う人物を1人選ぼう。その人にささやかな贈り物をして、相手の力になれるよう努めよう。具体的には、相手の関心に合いそうな記事を送る、プレゼンの準備を手伝うなど、色々ある。関係を築くために、何ヶ月かのあいだ多大な時間と熱意を傾けよう。

☑「つながり貯金」を設けて、給料の一定割合を自動的に割り振ろう。知り合いを増やしたり、古い付き合いを再び温めたりするために、この貯金を取り崩してカフェ、食事、新幹線代などの費用に充てるのだ。

☑オンライン上の知り合い（お互いにフォローしあっている人）から2人選ぼう。オンラインミーティングか直接会う機会を設定して、フォロワー同士から、「弱いつながり」あるいは「盟友」になるまで関係を深めよう。

☑「友だちの友だち」まで自由に参加できるイベントを企画しよう。イベントの前後に、ネット上に投稿しよう。自分の知り合いだけでなく、2次、3次のコンタクトまでつながりが広がるのがポイントだ。

第4章

偶然の幸運《セレンディピティ》を戦略的に引き寄せる

探検と冒険の物語から生まれた
セレンディピティ。
予期せぬチャンスをどう引き寄せるのだろう。
好奇心がすべての原動力になる。
チャンスは人をとおしてもたらされ、
小さなつながりに大きな可能性がある。
機転をきかせて素早く立ち回れ。
思い切って大胆に。
他の選択肢を残したままではリスクが高い。
1つのチャンスが、飛躍した成功につながる。

起業家が世の中を変えるような成功を収めるには、冒険の早い段階で出会う転機につながる貴重なチャンスをものにしなければならない。

私たちの人生《キャリア》でもまったく同じことが言える。

コンサルティング会社のアソシエイトにとってチャンスとは、チームのまとめ役として、パートナーの下で2年間働く機会を与えられることかもしれない。芸術家にとってそれは、名門美術館で作品を展示する機会が舞い込むことかもしれない。

私にとってのチャンスは、大学を卒業してから10年後にペイパルで働く機会を得たことだった。

だが、「棚ボタ」で絶好のチャンスが降ってくるわけではない。たとえ周りからはそう見えたとしても。

プロジェクト、出会い、経験、そして思いがけない幸運は、積極的に「取りに行く」ことが必要なのだ。その結果、異例のスピードでキャリアアップができる。

では、飛躍へのチャンスはどのようにもたらされるのだろうか？　この問いに答えるために、あまり知られていない童話と、有名なハリウッドスターの逸話を紹介しよう。

セレンディップの王子

「セレンディピティ」という、偶然の幸運を表す素敵な言葉がある。イギリスの作家ホレス・ウォルポールが、『セレンディップの3人の王子』というペルシャに古くから伝わる童話で知った現象を、1754年にこの造語で表現したのだ。

この童話では、国王が3人の王子をはるかかなたの国へと旅に出す。王子たちはたびたび逆境に直面し、あるときなどは盗賊と間違えられる。それでも3人は見事としかいいようのない判断やひらめきによって濡れ衣を晴らす。

そして、その力を見込まれて、父王をはじめとする支配者たちから取り立てられ、王位の名誉を与えられる。ウォルポールは友人への手紙の中で、セレンディップの王子たちが偶然にも幸運を手にした様子を「セレンディピタス」と表現した。

3人の王子はたしかに幸運に恵まれた。だが、同時にそつなく賢く立ち回って予期せぬ逆境をチャンスに変えた。

セレンディピティは宝くじに当たるのとはわけが違う。宝くじが当たるかどうかは運だけで決まる。片やセレンディピティとは、チャンスが来ないか日頃から注意を払い、「ここぞ」というときにしっかりチャンスをものにすることを指す。セレンディピティはつくり育てなければならないのだ。

「セレンディピティ」という言葉が生まれるきっかけになった童話が探検や旅行の物語であるのには、それなりの理由がある。ただ無為に過ごしていたのでは、前途が大きく開けるようなチャンスにぶつかる余地などないからだ。前述のペルシャ童話に登場するセレンディップの王子たちについて、神経学者のジェームズ・オースティンは著書『追跡、チャンス、創造性（未訳／Chase, Chance, and Creativity）』でこう書いている。

「王子たちは、スリランカの王宮内で快適なソファにすわり、贅沢をしながら人生を無駄に過ごしていたのではない。積極的に外に出て、探検し、色々なところを旅したからこそ、思いがけない幸運にめぐり合えたのだ」[1]

一見したところ無関係なアイディア、人、場所、経験が交錯し、道が開かれるかもしれない。新たな組み合わせが生まれる可能性を高めるには、世の中に出て、何か事を起こす必要がある。[2]

私たちはあちらこちらを動き回り、クモの巣状の網を張り、興味深いチャンスが目に入ったら、いつでもそれをとらえなければならない。

俳優ジョージ・クルーニーはまさにその手本だ。１９８２年、ケンタッキー出身の若きクルーニーは、数々の先輩たちのように、映画スターを夢見てハリウッドの地に降り立った。優れた容貌、生まれつきの才能、高い職業意識、親戚のコネといった有利な条件に恵まれていた。にもかかわらず、12年間オーディションを受け続けても、B級テレビ番組やC級映画から時々声がかかる程度だった。スターどころか、充実した俳優人生とは程遠い日々だった。

ところが94年、状況は一変した。

当時ワーナーブラザーズは、医療現場を生々しく描いたドラマ『ER緊急救命室』を製作していた。クルーニーの伝記著者であるキンバリー・ポッツはこう書いている。[3]

「台本があまりに手に汗握る斬新なものだったので、放送は、まったく鳴かず飛ばずか、メガヒットか、どちらかに違いないと思った」

クルーニーは友人から台本を見せられると、「これは自分にとって飛躍への転機になるかもしれない」と直観した。そして、番組のプロデューサーから声がかかるのを待たずに、自分から製作責任者に電話をかけて「主任医師役をなんとしてもやらせていただきたい」と告げたのだ。

先方は思わず吹き出したが、結果としてクルーニーはオーディションに招かれた。その後、ほどなくして朗報が入り、彼はその電話を切ると「大役をつかんだ」と友人に知らせまわった。事実、番組はすさまじい人気を博した。

『ER緊急救命室』の成功を足がかりに、彼はテレビの世界から転向し、映画スターになるという夢へ向けて突き進んだ。

月並みな作品に何本か出演したあと、『アウト・オブ・サイト』の主役の座を射止め、さらには大ヒットした3部作の第1弾である大作『オーシャンズ11』でも主役を張った。そこからハリウッドの大物俳優の仲間入りを果たすまでには、無名の俳優から『ER緊急救命室』に大抜擢されるまでの時間の何分の1かしかかからなかった。

クルーニーはなぜ、『ER緊急救命室』が自分の人生《キャリア》を新たな高みに押し上げると見抜くことができたのだろうか？　彼とて確信があったわけではない。直観こそあれど、確信が持てるものではないのだ。千載一遇のチャンスは、きれいにラッピングされて「掘り出しもの」などとラベルが貼ってあるわけではない。つまりは求人情報に大々的に載ることもまずない。

しかし、ぱっと目に入らなくとも、たいてい見分けられる手がかりがあるものだ。クルーニーが目をつけた『ER緊急救命室』にもいくつかの明快な特徴があった。

まず、斬新な台本は野心的で注目を集める内容だった。

さらに、番組の関係者に優れた実績のある一流どころが揃っていた。この点は常に重要だ。クルーニーはかなりの時間とエネルギーを費やして映像業界について徹底的に学んでいたからこそ、こうした特徴に気づくことができたのだ。

もう1つのヒントは、難易度の高さだ。クルーニーはそれまで主要局のドラマで主役を務めた経験がなかったため、主役を演じるのは注目を集める挑戦だった。こうしたチャンスを目の当たりにすると、腰が引けてしまう人もいる。自分には大役すぎると、いささかペテン師になった気にさえなる人もいるかもしれない。

しかし、そうした感情は、そのチャンスに大きな可能性を感じるからこそ生まれるものだ。難関に挑むと、私たちは仕事のうえで新たな局面にさしかかり、クルーニーのようにたいていは大きな実りが得られる。

彼がセレンディピティを戦略的に引き寄せるために実践した方法はこれだけではない。クルーニーは『ER緊急救命室』の台本をエージェントを経由せずに手に入れたことを思い出してほしい。

エージェントは、所属する俳優たちに役をブッキングするために台本を渡すのを仕事としている。クルーニーの場合、エージェントではなく、映像業界で働く友人から台本を見せてもらった。この友人との関係があったからこそ、普通なら触れることのできない台本を読む機会が得られた。言い換えれば、自分で築いたつながりから、重要なきっかけをつかみとったのだ。

それから、番組のプロデューサーに電話をかけ、直接自分を売り込むという大胆な行動に出た。先回りをしたのだ。この行動により、オーディション前だというのに彼は注目を浴びていた。

第3章では、どのように新しい相手にアプローチしつながりを広げていくか、人間関係の力学の繊細さに触れた。だが、ときには大胆にいきなり連絡してみることで、相手に強い印象を残せることもある。

なぜだろうか？

そんなことをする**人**はいないからだ。

クルーニーは自分には才能があるとわかっていた。必要だったのは、その才能を世間に知らしめるチャンスだけだったのだ。

なお、クルーニーは『ER緊急救命室』の成功のあとも常に、セレンディピティを戦略的につくり育てるよう心がけていた。

つまり、過去の名声に甘んじてはいなかったのだ。番組の成功後もテレビの世界にとどまり、別のテレビドラマに出演することもできただろう。だとしても、高いギャラをもらい、有名であることに変わりはなかったはずだ。

だが、台本を読み続け、つながりをつくり続け、どうなるかわからなくとも興味をかき立てられる役に挑戦して網を張りめぐらせ続けていれば、さらなるチャンスが訪れるとわかっていたのだ。クルーニーの華々しい躍進については、ともすれば「ただの幸運だろう」と軽く受け流すか、「あのいたずらっぽい笑顔と感情のこもった目の持ち主なら、彼でなくても成功しただろう」と決めつけたくもなる。

たしかに彼はよい時期によい場所に居合わせた。しかし、それは偶然の成り行きや幸運ではない。日頃の努力の賜物だったのだ。

行動や発想の面で特定の習慣を身につけ、セレンディピティを戦略的につくり育てれば、人生の転機となるチャンスが転がり込む可能性は高められる。つまり、チャンスがどこにあるのかがわからなくても、可能性の質と量を意識的に増大させることはできるのだ。

好奇心を発揮し、情熱を注げるものを見つけよう

チャンスを探そうと立ち上がるには、まるで電気のスイッチを入れるように、ある気質をがぜん発揮しなくてはならない。それは、「好奇心」だ。

起業家は好奇心のかたまりである。だが、特別な好機を見つけだそうとただ躍起になっているわけではない。彼らは、他の人が「困った」「これは問題だ」と思うような領域にチャンスを見出す。

普通の人が苛立ちの表情を浮かべるのに対して、起業家は「どうしてだろう?」と疑問を抱くのである。この厄介な製品(サービス)はなぜ本来の役目を十分に果たさないのだ? もっとよい方法はないものだろうか? これを商売にできないだろうか?

ネットフリックスの共同創業者でCEOであるリード・ヘイスティングスが同社（90年代後半にレンタルDVDの郵送サービスを行う会社として創業）の着想を得たのは、映画『アポロ13』のレンタルDVDを遅れて返却したせいで法外な延滞料金を請求されたことにあると語っている。腹が立って「自分と同じように、家庭で映画を観るのにもっといいサービスがあればいいのに、と思っている人が世の中には大勢いるのではないか」と思いついた。

そこにチャンスを見出し、DVDという郵送にも適した新しい発明を利用して、延滞料金の問題を解決するしくみをつくったのだ。こうしてネットフリックスの種が蒔かれたのである。

起業家精神は、イライラをきっかけにした好奇心から生まれることがままあると言えるかもしれない。現状へのイライラと好奇心が交錯したとき、起業家の事業チャンスへの嗅覚は冴えわたるのだ。

あなたの人生《キャリア》でも、イライラの有無は別として、産業界、人、働き口について好奇心を持てば、仕事のチャンスへの嗅覚が発達するだろう。

好奇心は学んで身につくようなものではない。しかし、好奇心に燃えた人々と一緒にいれば自分も感化される。好奇心は徐々にかき立てていこう。一旦好奇心が旺盛になると、幸いにもその傾向はいつまでも続きやすい。

目を見開いて好奇心をみなぎらせていると、チャンスとの出会いを劇的に増やすような行動がとれる。人とのつながりを活かしたり、偶然の幸運《セレンディピティ》を戦略的に引き寄せたり、逆境の中にチャンスを見出したりできるのだ。

ただし、すぐに結果が出るとは思わないでほしい。日頃の考えや好奇心、試行錯誤から自分の専門分野についてあれこれ時間をかけて学んだことがやがて実を結ぶのである。クルーニーも、ハリウッドに着いた翌日に『ＥＲ緊急救命室』の主役の座を手にしたのではない。12年ものあいだひたすら努力を続けていたのだ。チャンスをつくり育てたり、見つけたりするには、普段から努力を怠らない姿勢が求められる。

だから、たとえ具体的なチャンスをすぐに探すような理由がなく、いまの職場に満足して意欲満々で仕事をしていたとしても、仕事上のチャンスをつくり続けることはやはり重要である。理由の１つは、チャンスへの嗅覚を磨けるからだ。努力を重ねるにつれて、どこで、どのように、なぜチャンスが転がり込んでくるか（あるいは副業をしているのなら、いつ本業のほうを控えめにし、副業に本腰を入れ始めるか）、直感が鋭くなっていく。

もう1つの理由は、いつなんどきプランBに方向転換して新しいチャンスを探す必要に迫られるかわからないからだ。

リンクトインが、あなたのプロフィール情報、住所、同じような人々の属性をもとに、自動的にお勧めの求人情報を探し出し、「求職中」と表明していない人のページにも表示するのはそのためだ。

この機能を設けたきっかけは、「意識しているかどうかは別として、誰でもチャンスを追い求めているものだ」というある採用担当者の言葉だった。

チャンスを見つけに行こう。でなければ、引き寄せよう

第2章で述べたように、勝ち組のスタートアップや人生《キャリア》の軌跡がきれいな直線を描くことはまずない。「起業家やプロフェッショナルは1つだけプランを立て、脇目もふらずひたすら努力してそのプランを実現する」というよくある先入観とは裏腹に、現実には、成功する起業家やプロフェッショナルはたいてい、適応や試行錯誤を繰り返している。あらかじめ目的地を決めてそこにたどり着くのではなく、絶え間なく旅を続けるのだ。

後から振り返れば、おおもとのプランがあって、そこから大きな飛躍につながるチャンスが

生まれたように思いがちだが、実際はそうではない。「ジャッキーが新しいデータアナリストを自分のチームに迎え入れたいと思っているのを知っていたから、パーティーで彼女とバッタリ会えるように手はずを整えて……」などという可能性はあまりない。

現実には、意図せずに人やアイディアと出会い、出会ったチャンスをものにすることのほうが多い。大切なのは、貴重な何かと出会う可能性をいかに高めるかである。つまり、偶然を引き寄せるのだ。

めぐり合いを引き寄せる

ドーパミンと依存症の関係に関する先駆的な研究者であり、国立薬物乱用研究所の所長も務めるノラ・ヴォルコフ博士にとって偶然の幸運《セレンディピティ》が訪れたのは、１９７０年代にメキシコで医学生だったときだった。以前から人間の行動に興味を持っていた彼女は、研修医として病院で働くうちに、一部の患者への治療が、症状の一時的な改善にはつながっても、根本的な解決にはつながっていないことに気づいた。

ある日、最新の科学誌を読んでいた彼女は、たまたま、脳内の働きを研究する新しい技術を紹介する記事を目にした。その新しい技術とは、positron emission tomography《陽電子放出断層撮影》、略称をＰＥ

T検査と言うらしい。

ここで、ヴォルコフの好奇心に火がついた。予定していた心理学の博士課程への進学をとりやめ、PET検査を使って神経障害の仕組みの解読を試みていたニューヨーク大学の研究所の職に応募したのだ。そこで研究者としての地位を確立したのち、ヒューストンの大学で脳画像を使った研究を行い、統合失調症への理解を深めた。

時代は1980年代で、社会にコカイン依存症患者が増え始めていた。ヴォルコフ博士は今までの一連の研究から、依存症を道徳的な堕落ではなく脳疾患としてとらえ直し、定説を覆して専門分野に大変革を起こし、数百万人もの人生にプラスの影響を与えた。

すべての始まりは、偶然、ある雑誌記事を目にし、行動したことだったのだ。

予期しないチャンスを引き寄せるのは、決して難しいことではない。

手始めに、まず同僚より多くの情報を仕入れたらどうだろう。単純な計算だ。より多くの情報に触れれば、あなたの心に火をつける何かに偶然出会う確率も高められる。

ヴォルコフ博士は常に科学誌の新しい記事を読んでいた。わくわくするような新しいことに出会うのは、時間の問題だったとも言える。

クルーニーも同様に、手に入った台本すべてに目を通していたからこそ、挑戦したいと思える役にめぐり合う可能性が高まったのだ。

もちろん、情報がすべてではない。人や場所だって重要だ。素晴らしいめぐり合いを引き寄せるのは、次回の出張の際に、他の都市にも足を延ばすことかもしれないし、ツイッター上で興味深い会話をした人とオフラインでコーヒーを飲むことかもしれない。あるいは、顔見知りが1人もいない業界のイベントに参加することかもしれない。

新しい可能性に向けて常に心を開き、動き回ることが偶然のチャンスを引き寄せる。言うまでもなく、やみくもにどこへでも出向いて行くのはどう考えても賢明とはいえない。ある人にとって重要な人、場所、情報が他の人にとってはそれほどでもないということがある。

他方、思いも寄らない有利な幸運にぶつかるのが狙いなら、一定の方向にこだわりすぎるのもよくない。私たちはほとんどの場合、いつ、どこで、どのようにしてチャンスに出会うかわからない。チャンスを探し求めてさすらいながら、網の目を張りめぐらせなければならないのだ。

どのカンファレンスで友人の友人と思いがけず顔を合わせ、「今年の夏はうちの会社で人材を募集していますよ」と聞かされるかわからない。

ツイッターのアカウントをフォローしているどの業界の重要人物が、あなたに関心を抱き、ひょっとしたら対面で会うことに応じてくれるかもわからない。

先行きを確実に見通すのは不可能だ。だから、柔軟な発想をしながら、気の利いた心がけをしよう。カンファレンスに参加して、その場にいる人と行き当たりばったりで言葉を交わしてもよいが、もっと優れたやり方がある。カンファレンスに参加したら、興味ある人物の姿を探し、その人が話しかけている相手に接近しよう。偶然のチャンスを、抜け目なく戦略的に立ち回りながら引き寄せるのだ。


そのときは、自分らしさを何よりも大切にしよう。あなたの競争上の強みと資産、大志、市場環境という3つの歯車のそれぞれが活きる行動はなんだろうか。

パーティーに顔を出すのは、知り合いを増やすための言わずもがなの方法だが、もしパーティーが苦手なら避けてもかまわない。その代わり、ヴォルコフ博士がＰＥＴ検査の記事に出会ったように、専門分野の記事に目を通そう。

作家スティーブン・ジョンソンの絶妙な言葉がある。「チャンスは点と点をつなげていく人の下に訪れる」

グループに入ろう

チャンスはただ天空に浮かんでいるのではない。人にしっかりくっついている。偶然の幸運《セレンディピティ》を戦略的に引き寄せようとするなら、実際に必要なのは、人である。あなたに働き口を提供するのは、企業ではなく人だ。成功する人生《キャリア》には、常に「人」がつきまとうのだ。

前の章では、プロフェッショナルな仲間、知人、フォロワーとのつながりの築き方を説明した。ここでは、別のニュアンスでつながりについて探りたい。

人々のネットワークのあいだをどうチャンスが流れていくのか。素晴らしいアイディアや情報を持つ人物同士は、一緒にいる傾向が強い。最も魅力的なチャンスをつくり出す集団の力を借りれば、他の人より有利な立場になる。何世紀も前から、人々はこうしてセレンディピティを追い求めてきた。

時をさかのぼってみよう。1765年、牧師でアマチュア科学者でもあった若きジョセフ・プリーストリーは、イギリスの片田舎にある急ごしらえの研究室で実験をしていた。彼はきわめて聡明だったが、同僚からは孤立していた。

ところが12月のある日、ロンドンを訪れて「熱心なホイッグ党員の会」に出席したところ、転機が訪れた。ベンジャミン・フランクリンによって開かれたこの会は、いまで言う異業種交流会のようなものだった。フランクリンはアメリカの植民地の利益増進を図るために当時イギリスに住み、隔週の木曜日にロンドン・コーヒーハウスという店で、壮大な考えを持つ友人たちと集まっていた。

参加者たちは店の雰囲気も手伝ってか、科学、技術、政治など、さまざまなテーマについて思いのままに意見を交わした。この偶然の出会いによって何が起こるのかは誰にも予測がつかなかったが、参加者はみな本質的に意義のある集まりだと感じていた。

ある木曜日、プリーストリーがこの集まりに参加したのは、「電気の理解をめぐる科学の進歩」というテーマを書籍にする企画に意見をもらいたかったからだ。蓋を開けてみると、さまざまな収穫があった。

フランクリンとその友人たちは、プリーストリーに力添えをするために一致団結して「科学分野の蔵書を提供しましょう」「草稿に目をとおしましょう」と申し出て、友情や励ましを示した。

また、ここが肝心な点だが、プリーストリーはいつでも相手へのお返しを忘れなかった。自分のアイディアや発見を協力者たちに紹介し、それによって相手との絆を強め、アイディアを磨き、新たな知人たちからチャンスの探求を助けてもらえる可能性を高めていた。

スティーブン・ジョンソンが著書『酸素の発見（未訳／The Invention of Air）』の中で書いているように、プリーストリーは他人との交流がほとんどない状態を解消して、「コーヒーハウスという場が導いた人間関係や協力関係とつながったのだ」という。[4] 以後、彼は科学や著述の分野で輝かしい成果を上げ、酸素の発見というとりわけ有名な功績も残した。ロンドン・コーヒーハウスは「イギリス社会のイノベーション拠点」となった。[5]

ベンジャミン・フランクリンが友人たちを集めて定期的に話し合いの場を持つのは、これが初めてではない。フィラデルフィアに住んでいた40年前には、12人の「ひときわ才気あふれる友人たち」（自伝での表現）を説得して、互いの向上を目指すクラブを結成していた。若者たちは毎週1回晩に集まっては、本、アイディア、知人などを紹介し合った。哲学、道徳、経済、政治などの議論をとおして各々の自己啓発をうながした。「秘密結社」と名づけられたこのクラブは、ブレインストーミングや、世論を先導するための密議の場となった。実際、ここから初のアメリカ公立図書館、自治消防団、公立病院の第1号、警察、舗装道路などのアイディアが生まれたのだ。

彼らはまた、力を合わせてチャンスを活かした。たとえば、「古典と実用的な知識を融合した、一般教養分野の高等教育が必要だ」というアイディアをもとに、フランクリンはウィリアム・コールマン他数人のメンバーと協力して、ペンシルベニア大学の前身を設立した。アメリカ初の総合大学が誕生したのである。

ベンジャミン・フランクリンは後世の人々から、えてして、独学で努力し尽きることのない創造性を発揮した人、つまり起業家のような存在だと受け止められている。

フランクリンはたしかに高い資質を備えていたが、私やベン・カスノーカから見ると、むしろ他者の才能を開花させたことこそが、彼の最も起業家らしい美点である。彼は、聡明な人々を大勢集めてくつろいだ雰囲気の中で話し合いを持てば、素晴らしいイノベーションの機会がもたらされるだろうと考えたのだ。

彼が生み出した会合は、今日に至るまでのアメリカのイノベーションの精神《スピリット》を特徴づけている。フランスの思想家アレクシス・ド・トクヴィルは、建国まもないアメリカの姿を描いた

1835年刊行の古典『アメリカのデモクラシー』（岩波書店）にこう記している。
「アメリカの何より際立った特徴は、人々が興味、目標、理念を軸に結束する傾向が強いことである」

1900年代初めには知識階級のあいだで人脈づくりブームが起きていた。当代きっての起業家J・P・モルガンは、死去した時点で24もの団体に所属していた。

ポール・ハリスというシカゴの弁護士の名前は、あまり人に知られていない。しかし生み出した団体の数という意味では、彼はモルガンと比べ物にならないほど大きな影響を世の中におよぼした。

ハリスが最初に活動を始めたとき、その後の広がりはまったく想定されていなかった。ハリスは地元の実業家を集めて、助言し合ったり、交流を楽しんだりする会を設けたが、目的は、弁護士事務所の顧客を増やしたり、孤独をやわらげたりすることにすぎなかった。この会は、メンバーがローテーションを組んで自宅を会合場所として提供していたのにちなみ、「ロータリークラブ」と名づけられた。

メンバー数が増えると、堅苦しさを避けるために「ファーストネームで呼び合う」という決まりを設け、これを破ったら罰金を科した。苗字、肩書、敬称はすべて禁止した。[6]

今日では世界中に合計3万ものロータリークラブがある。120万人を超えるきわめて熱心な会員が活動し、飢餓、衛生、貧困など喫緊の社会課題に関して幅広い支援を提供している。

20世紀の最後の25年間、非公式の集まりは依然として急増を続け、アメリカ国内でイノベーションの拠点となった場所では特にその傾向が目立った。

1975年、サンフランシスコのマイクロ・コンピュータ愛好者がホームブリュー・コンピュータ・クラブ（「ホームブリュー」は自家製を意味する）を創設し、テクノロジー好きの人々に「趣味の集まりに参加して、なんでもいいから情報やアイディアの交換やプロジェクトの助け合いなどをしよう」と呼びかけた。[7]

その「なんでもいいから」というゆるやかな余白から、世の中を変えるような職業や新しい事業が誕生したのだ。500人のオタクな若者たちが参加し、そのうち20人がコンピュータ会社を興した。アップルの共同創業者スティーブ・ウォズニアックもその1人である。

シリコンバレーではホームブリューの影響もあって、非公式のつながりを介してチャンスや情報を広める独特のならわしが生まれた。

非公式の小さなつながりは現在でも、アイディアを広めるうえで他にない効率の良さを発揮している。だからこそいまなお地元のPTAや同窓会などの集まりが存在するのだ。

読書会、ハチを飼う人たちの会、ソフトボールリーグ、地域カンファレンスや隙間《ニッチ》産業の会合など、チャンスとの出会いを増やしたいなら、できるだけ多くのグループや団体に属するのが得策である。


ミートアップの元CEO、スコット・ハイファマンは、ミートアップのサイトの存在理由を「DIY（Do It Yourself：自分でやろう）」から「DIO（Do It Ourselves：みんなでやろう）」へ変化が起きているためと述べている。

「仲間の力を借りて何かをしようとする人が増えているのです」[8]。これも一種のつながりの力である。


もっとも、非公式なグループのつながりがすべてフェイスブックのようにネット上で広く公開されているとは限らない。実際、あなたの人生《キャリア》においていちばん価値がありそうな、より限定的なグループはおそらく公開されていないだろう。

ドアを開けて中に入るには、時として工夫が求められる。これについてはクリス・サッカが詳しい。

サッカはいまでこそテクノロジー系や気候変動対策のスタートアップに投資する大富豪の投資家で、ウーバーやツイッターが初めて資金調達をする段階で投資したこともあるほどだが、仕事を始めたばかりの頃は、学生ローンの返済に窮する失業中の弁護士だった。

しかし、彼は大胆な失業者だった。彼は、得意のスペイン語を活かして厨房で働くラテンアメリカ系の人々を説き伏せ、交流会やテクノロジー業界のイベントに（文字どおり）裏口からちゃっかり紛れ込むようになった。

初対面の相手に、肩書のない名刺を出したのでは誰の注意も引かないとわかると、知恵を働かせて、イベントに参加したときに一目置いてもらう方法を見つけた。

自分でコンサルティング会社をつくったのだ。名刺を一新し、ウェブサイト制作を外注し、友人に頼んでロゴをつくってもらった。以前と同じ集まりに今度は「サリンジャー・グループ社長クリス・サッカ」という名刺を持って現れた。

すると前回とは打って変わって、会う人がみな彼に興味を持ってしきりに話しかけてくるようになった。こうした人脈づくりが功を奏して、やがてサッカはネットワーク・インフラ企業の幹部に登用され、人生《キャリア》が軌道に乗った。

ただし、新しいグループや団体には必ずしも新顔として入らなくてもよい。あなたは実はすでにいくつものグループに属しているはずだ。

同窓会を考えてみよう。単に高校や大学の同窓会のことだけを言っているのではない（チャンスの宝庫ではあるが）。あなたはこれまでに勤務した企業や組織の「卒業生」でもある。

私はシリコンバレーの素晴らしい企業の卒業生グループに属していて、その恩恵によって何度も飛躍のチャンスにめぐり合ってきた。

かつて私はペイパルで働いていた。イーベイによる買収を受けて、当時の仲間たちはそれぞれ新しい道へと進んでいったが、その後も連絡を取り合い、互いの会社に出資し、雇い雇われ、オフィススペースを共有するなどつながりを保った。

会費も、裏取引も、月次会合も何もない。ただ形式にとらわれずに協力するだけだ。にもかかわらず、このつながりからは、テスラからユーチューブまで、シリコンバレーから生まれた指折りの成功プロジェクトが生まれている。

シリコンバレーで培われた絆と忠誠心の強さが「ペイパル・マフィア」と異名をとるゆえんなのだ。

なぜこの人脈からは、他に類のないほど多くの偶然の幸運《セレンディピティ》が生まれているのだろうか？

1つは、1人ひとりが才能に恵まれ、意欲的で起業家精神にあふれていること。これこそが肝心な点だ。グループのよしあしはメンバーで決まる。ネットワークのよしあしは各要素の接続点で決まる。グループの価値を判断するには、各メンバーのポテンシャルを考えてみればよい。

2つ目は、全員がいくつかの共通点で結ばれていること。「ペイパル・マフィア」は同じような興味関心や価値観をもとにペイパルに集まり、そこでともに働いた経験を持つ。同じ経験をとおして信頼関係が築かれているからこそ、情報やチャンスを共有するようになる。数多くのチャンスに恵まれるつながりにはすべて、共通の特徴がある。

カンファレンスの出席者は全員がそのテーマに関心を寄せている。教会の信徒はみな同じ信仰で結ばれている。フランクリンが設けた「秘密結社」のメンバーは、例外なく好奇心が旺盛だった。

3つ目は、強い分かち合いや助け合いの精神があること。つながりが価値あるものであるためには、多くのメンバーがそこで仲間たちと情報やアイディアを喜んで共有することが求められる。

カリフォルニア大学バークレー校で情報学の教鞭をとるアナリー・サクセニアンは、1980年代にカリフォルニアの半導体メーカーがボストンの同業他社をしのいだ理由について本を書いた。そこには、西海岸の起業家たちは「全体の発展を目指そう」という精神の下、自分たちの発見を、ライバル企業をも含む他者と分かち合おうとする気風を強く持っていたと記されている。[9]

彼らは長期的な視野で臨んでいたのだ。

ペイパル出身者のあいだにも同じような気風がある。たとえ利害の衝突があったとしても（メンバーの経営するベンチャー・キャピタル同士が同じ案件をめぐって競合する場合もある）、協力を惜しまない。

私がこれまでの人生《キャリア》で出会ったチャンスの中でもひときわ大きかったのは、いわずもがな2003年のリンクトイン創業である。ペイパルがイーベイに買収されたわずか5ヶ月後には、とあるオフィスにフルタイムの働き手6人が集まっていた。リンクトインの事業をあれほど短い期間に軌道に乗せることができたのは、友人たちとのつながりがあり、彼らが共同創業者、立ち上げ時の従業員、出資者になってくれたからだ。

私は最初に創業したソーシャルネット時代の同僚2人、大学の同級生2人に共同創業者になってほしいと頼んだ。その結果、ペイパル時代の仲間（「ペイパル・マフィア」）のピーター・ティールを含む数人（とりわけハーフドットコムのジョシュ・コペルマンとイーベイのギル・ペンキーナ）が出資者になってくれた。

ペイパル時代のある同僚などは、リンクトイン創業当初のオフィスまで提供してくれた。「RELATIONSHIPS MATTER（人間関係は大切）」をスローガンとするリンクトインにふさわしい滑り出しである。セレンディピティは団体競技にこのうえなく向いているのだ。

優れた人材、全員をつなぐ共通点、分かち合いと助け合いの精神、同じ地域や同じ業界。これらの特徴は次々とチャンスを生み出すどの集団にも当てはまる。以上のような特徴が揃えば、どのつながりや団体も価値あるものになるはずだ。

なお、グループの一員になるよりもよい方法が1つだけある。ベン・カスノーカのように自分で「マフィア」をつくり育てることだ。

ベンはフランクリンにならった秘密結社をクリス・イェと共同で運営している（『ALLIANCEアライアンス——人と企業が信頼で結ばれる新しい雇用』（ダイヤモンド社）はイェ、ベン、私の共著）。主にテクノロジー業界で仕事をする20人ほどが定期的にランチミーティングを行い、事業談義に花を咲かせる。フランクリンの秘密結社と同じように、目的ははっきりしているが堅苦しさとは無縁である。くつろいだ雰囲気のなか頭を働かせて、予定調和なしのやりとりをする姿勢が培われ、やがてはより優れた、より興味深いアイディアが生まれる。

集まりは定例で開く必要すらない。以前の勤務先での同僚を10人ほど誘い、土曜日にブランチを一緒にとれば、いいことずくめだ。ぜひ覚えておいてほしいのは、自分がグループをつくるときには、調整役を務めるということ。バスケットの試合を最前列で観戦するのと少し似ている。一部始終を見ることができ、そしてそれが強みになる。

ゴキブリのようにしつこく食い下がろう

あなたがいま人生《キャリア》のどの段階にいるにせよ、これから先、「困った、もうどうにもならない」と感じる瞬間が訪れるだろう。偶然の幸運《セレンディピティ》に見放された。資金または仲間、あるいはこの両方が足りない。誰からもイベントや集まりに誘われない……。

こうした状況では、この章で紹介する中でも最も起業家らしいやり方が求められる。それは「奮起すること」である。

起業家は絶えず何らかの制約の下で仕事をしているから、いわば奮起の達人であり、最高のお手本といえる。

■機転を利かせよう：寝るためのベッドがなければ自分でつくってしまえ

2008年1月。Airbnbの共同創業者ジョー・ゲビア、ブライアン・チェスキー、ネイサン・ブレチャージクは困り果てていた。無一文だったのだ。

彼らがAirbnbを創業したのは、「普段は使わないソファ、ベッド、エアマットレスなどがあれば、誰でも一時的にそのスペースを貸して謝礼をもらえるだろう」という発想からだ。これは悪くないアイディアだった。

2008年にコロラド州デンバーで開催された民主党大会では、バラク・オバマがNFLスタジアムを埋め尽くす聴衆を前に熱弁をふるう予定になっていた。しかしスタジアムの収容数8万人に対して、市内のホテルの合計室数は2万7000しかない。たちどころに満室になった。党大会までの数週間、この歴史的なイベントのために飛行機で駆けつけた多数の支持者が、なんとか泊まる場所を確保しようとしていた。

デンバー市民はAirbnbのサイトを介して、ホテルからあぶれた人々に自宅のソファやベッドを提供した。

Ａｉｒｂｎｂは、たまに大きなイベントやカンファレンスがあると利用が急増したものの、普段は閑散としていて利益はさっぱりだった。創業者たちは、収入と支出の差額を埋めるために合計４枚のクレジットカードを限度額いっぱいまで使い、貯金を使い果たした。

それでもゲビアとチェスキーとブレチャージクは自分たちのアイディアを信じていたから、事業を拡大する方法を探り出すため、時間稼ぎをしようとした。

そこでいかにも起業家らしく「奮起」した。シリアルを販売したのだ。

大統領選挙の熱気に便乗し、ロードアイランド・デザインスクールのつてを頼りにシリアルの箱に独自のデザインをほどこした。候補者の名前にちなみ、商品名は「オバマでいっぱい：変革をもたらす朝食」と「キャプテン・マッケイン：異端児の味わい」。

自宅のキッチンで箱を組み立て、中にシリアルを詰め、ネット上で１箱40ドルで販売した。チェスキーは母親から「今度はシリアル会社を始めたの？」と聞かれた。いや、彼らはただ現金を必要としていただけだ。手段も金額も問わなかった。

運のいいことに、ＣＮＮテレビが「選挙時期ならではの食べ物特集」を組んだ。彼らのシリアルは瞬く間に売り切れ、２万ドルの純利益を彼らにもたらした。

こうして銀行預金ができたからこそ、「どう利用者を増やして、安定した利益が得られるだけの水準に保つか」と方策を考える時間ができた。創業者たちの機転が多くの投資家に感銘を与え、外部からの資金調達への道が開かれた。

グレイロックも私の主導の下「シリーズA」と呼ばれる初期投資に参加した。創業以来、全世界で1億5千万人もの旅行者が——総計で9億泊——Ａｉｒｂｎｂを介して受け入れ者宅のベッドやソファを借り、心地よい眠りを得た。

機転とは何か。その本質はつかみにくいが、目の当たりにすればたいていの人はそうとわかる。そして、あなたがシリアルも販売する旅行事業のスタートアップに投資しようとしているのなら、もう奮起の仕方はわかっているだろう。

アマゾンのジェフ・ベゾスCEOは交際相手を探していたころ、デートをセッティングしてくれていた友人たちに「機転の利く女性がいい」と語ったという。

だが友人たちがその条件に合う女性を見つけられずにいると、今度は「もし僕が発展途上国で牢獄にブチ込まれたら、救い出す方法をひらめくような女性だ！」と具体的に説明した。こうしてめでたく相手が見つかった。[10] Ａｉｒｂｎｂの創業者たちも、必要に迫られたら、おそらく牢獄からだって脱出できるだろう。

Ａｉｒｂｎｂは、一時は深刻な経営資源の不足に陥っていた。資金不足。ノウハウ不足。人脈不足。従業員、助言役、事業パートナーの不足。

だが、このような厳しい制約があったからこそ、大逆転のチャンスをつくり出す力が培われたのかもしれない。経営資源がなければ創造力を発揮する。戦うより他に選択肢がなければ、必死に戦う。「運」に見放されたなら、自分で切り拓く。

「必要は発明の母」。この実にシンプルな理由から、ときにスタートアップは、画期的なイノベーションによって大企業を出し抜くのだ。アドビのような業界大手の企業なら1年くらい現状に甘んじていても、手元にはまだ莫大な資金が残っているだろうが、スタートアップが同じことをしたら一巻の終わりである。

創意工夫と粘り強さで、起業家は常に競争し成長する。

人生《キャリア》においても、人材市場で頭一つ抜けだし、成長し続けるうえで創意工夫と粘り強さが役に立つだろう。

エリック・バーカーは、文字どおり起業家のように奮闘してきた。バーカーはハリウッドで10年ほど脚本家の仕事をしたあと、大学に戻ってMBA（経営学修士号）をとろうと心に決めた。ハリウッドでは、ディズニーなど一流映画スタジオでの仕事にも恵まれて順風満帆だったが、経営スキルを磨きたいという思いがあったからだ。

2007年秋にボストン・カレッジのビジネススクールに入学し、朝から晩まで講義漬けの生活を送った他、夏休みには誰もが憧れる任天堂のインターンとして働いた。翌秋には就職に備えてマネジャー職を探し始めた。そこへ不況が襲った。

たしかにバーカーは異彩を放つ経歴と名門校の立派な学位を持っていたが、いずれも応募先企業の目には魅力的には映らないようだった。異口同音に「私どもが求めるのは財務に強い人材です」という言葉が返ってきた。

5ヶ月後、いまだ働き口が見つかりそうになかった彼は、マイクロソフト、アップル、ネットフリックス、ユーチューブ、IDEOの5社に勤務する人々を対象とした広告をフェイスブック上に出した（IDEOはパロアルトを本拠とするデザイン・イノベーション分野のコンサルティング会社だ）。

広告には自分の写真と仕事の肩書に加えて、次のようなメッセージを載せた。

「こんにちは、エリックです。マイクロソフトへの就職を希望しています。MBAとMFA（美術学修士号）を持ち、メディア業界での経験が豊富です。『力になってもいい』という方は、ここをクリックしてください！」

本当のところ、反響は期待していなかったが、何かやってみないことにはまずいと思っていた。

それが蓋《ふた》を開けてみたら、数週間のうちに山のようなメールが届いた。そこには励ましの言葉、さらにはマイクロソフトに勤務する知人の名前などの大切な情報が記されていた。

バーカーは大きな人脈を利用して偶然の幸運《セレンディピティ》を生み出そうという（実に）型破りな作戦に出た。だが、うまくいったのだ。

この型破りな作戦はヘイルメアリー（訳注：アメフトのゲーム終盤で苦戦を強いられるチームが一か八かの神頼みを込めて得点を狙うために投げるロングパスのこと）だったかもしれないが、バーカーには多少なりとも考えがあった。

彼は単にフェイスブックの自分のページでメッセージをシェアするのではなく、有料広告を出し、かなり広範囲のユーザーに網を仕掛けた。しかもやみくもに網を仕掛けるのではなく、情報を持っていそうな会社で働く人々に的を絞って仕掛けたのだ。

ほどなく、この1件があちこちでニュースになった。目を見張るような展開に、バーカーはいっそう奮起した。

彼はメディアに取り上げられると、多くのまったく新しいチャンスの扉が開かれることに気づいた。そこでさまざまなメディアやブロガーに100通を超えるメールを送り、自身の「SNS広告を活用した就活奮闘記」を紹介した。

奮闘記はたちまち『ボストン・グローブ』『ボルチモア・サン』など多数の媒体で話題沸騰となった。

なぜだろうか？　みんな、セレンディピティにまつわる話となると夢中になるからだ。セレンディピティが導く成功を目の当たりにすると、自分もがんばれそうだと思うのだ。

この時点でフェイスブックに掲載したバーカーの広告は閲覧回数5万超、クリック回数500回を記録していた。「リンクトインを使っている人たちにあなたのことを知ってもらえるように、履歴書を送ってあげましょうか？」というヘッドハンターからのメールも20通に上った。

バーカーはちょっとした時の人になったが、就職先は見つかっていなかった。そして広告を掲載して約6週間後の2009年6月、潮目が変わった。マイクロソフトの採用担当者から待望のメールが届いたのだ。

結局のところマイクロソフトには就職しなかったが、一連の出来事からは大切なことを学んだ。

「人事部はいわば映画『300〈スリーハンドレッド〉』の兵士たちと同じ。相手の前進をはばむ一方なんだ。『採用しましょう』という権限はないけど、『お引き取り願います』というメチャクチャ大きな権限は持っている。彼らを飛び越して、決定権を持つ人への紹介を得ないとね。僕もそうした。奮闘したさ」

人事部の担当が最初に履歴書を審査するような正攻法で求人に応募するのは、何か間違っている。

偶然の幸運《セレンディピティ》を戦略的に引き寄せるには、ときには多少型破りなことも必要だ。

・・・

宿泊先紹介サイトの運営資金をひねり出すためにシリアルを売る？　フェイスブックに自分で職探しの広告を打つ？　こうした起業家たちの創意工夫、七転び八起き、ずぶとさ、粘り強さにならえば、人生《キャリア》においてもつらい時期にチャンスをつくり出すことができる。「奮闘」は教科書を読んで学ぶものではない。むしろ、啓示のようなものによって「もっとがんばろう」という思いが湧き上がってくるのだ。

そして、この本で紹介するスタートアップの戦略の大半と同じく、奮闘すればするほど、それは後天的にでもあなたの能力になる。

■見えてきたチャンスを無駄にするな

偶然の幸運《セレンディピティ》を引き寄せるうえで重要な点は、チャンスが訪れたときに飛びつけるよう心がけておくことだ。飛躍へのチャンスは現れては消えていく。しっかりつかみ取らなければ、逃げて行ってしまう。

2003年にペイパルがイーベイに買収されたあと、私は1年ほど休養して旅に出ようと決めた。頭をリフレッシュしてこれからの計画を立てるために、まずはオーストラリアで2週間の休暇を過ごした。休暇先で「シリコンバレーへ戻って、すぐにでも消費者向けネット企業を興さなくては」という気持ちになった。

なんとしてもつかむべき偶然の幸運《セレンディピティ》が見えてきたのだ。

1つには、市場環境が整いつつあった。消費者向けにイノベーションを実現する余地は豊富だったが、ITバブルの崩壊に怖気づいて、競争相手になりそうな多くの起業家も、投資家も、様子見を決め込んでいた。

だが、彼らとていつまでも様子見をしているわけではないだろう。しかも、ペイパルの成功を受けて私には心強いつながりがあったから、新会社を興すのに必要なヒト、モノ、カネを比較的すみやかに集めることができた。

最良のチャンスは必ずしも自分の都合に合わせて訪れるわけではない。「いまの仕事を辞めようか」と考えていたちょうどそのときに、「これしかない」と思えるような求人があったら、素晴らしいだろう。そのときかぎりのカンファレンスへの招待状を土壇場でなんとか手に入れ、偶然にもそのカンファレンスが開催される都市に居合わせたとしたら……。

しかし、セレンディピティに出くわす「絶妙のタイミング」などまずない。ほとんどの場合、世界一周の旅に出ようとしているなど、別のプランを実行しているさなかにチャンスは訪れる。

　そうなったら実行中のプランは諦めざるを得ないかもしれない。何しろ、飛躍へのチャンスは、あなたの準備が整うのをぶらぶらしながら待っていてはくれないのだ。チャンスはこちらの都合に関係なく訪れるばかりか、あいまいで、不確実だ。他の機会よりも優れていると確信できることも少ない。

　あなたは、飛躍のチャンスに出会ったときにそれに飛びつくよりも、もっと、い、い、チャンスが訪れるかもしれないと期待して「他の選択肢を手放さずに」いるかもしれない。これは仇《あだ》になるおそれがある。往々にして、行動プランを実行に移すよりも、「他の選択肢を手放さずにいる」ほうがリスクが大きい。これまで検討してきたように、「いちばん重要なこと」を実行に移すのが鍵となる場合が多いのだ。

　私の父はかつて語っていた。ある一手を取ると決心すると当面はチャンスが減るが、長い目で見ればチャンスは逆に増えるのである。

　人生《キャリア》で前進を果たすためには、やり直しの利くプランの一環として、特定のチャンスに賭ける必要がある。たとえ不安や不都合に直面していたとしても。

・・・

成功への軌跡がきれいな直線を描くことはない。スタートアップの事業が毎年、同じスピードで成長するわけではないように、私たちの人生《キャリア》では、どの職歴も同じ意味を持つわけではない。

スタートアップの世界では、ゆっくりじわじわと成長していたのでは勝利を収められない。私たちの人生《キャリア》も同じだ。異例のスピードでの成長こそ目指すべき究極の目標なのだ。

だが、誰もが自分の人生《キャリア》をこのように考えるわけではない。たいていの人は成功への軌跡は左側のグラフのように、ゆっくりじわじわとまっすぐの直線を描くと思っている。

ところが、この第4章で紹介した俳優のジョージ・クルーニー、ノラ・ヴォルコフ博士、ネットフリックスの共同創業者リード・ヘイスティングス、それからＡｉｒｂｎｂの創業者たちの軌跡は右側のグラフに似ている。予測できない並はずれた飛躍の好機が何度も訪れているのだ。

人生《キャリア》で偶然《セレンディピティ》の幸運を戦略的に引き寄せる方法を実践していけば、将来が激変する可能性が増

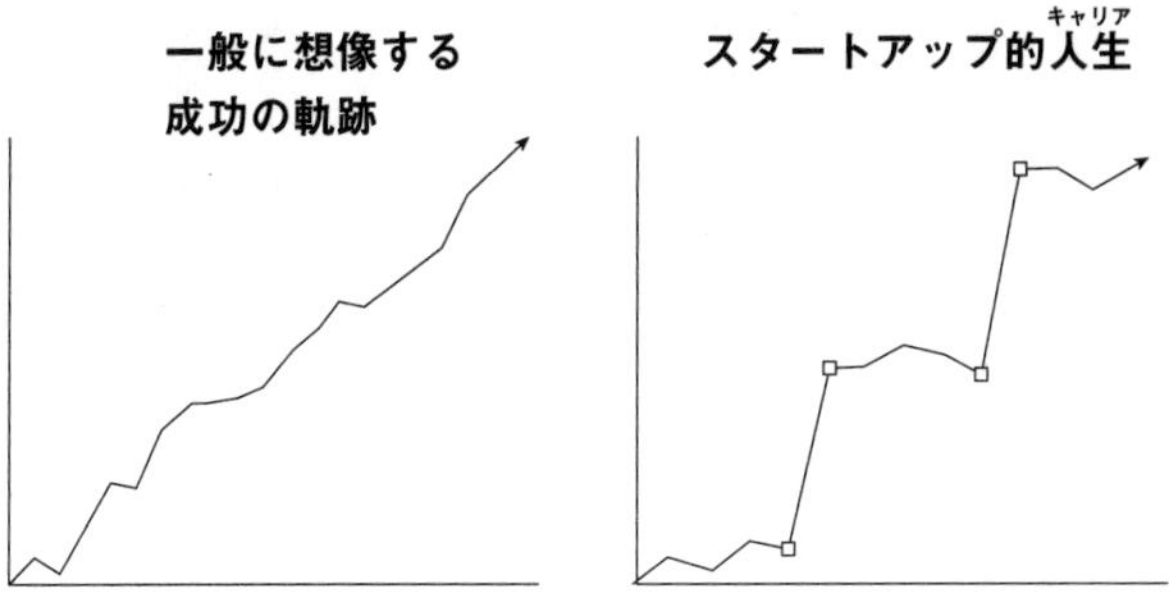

大する。

自身の感情だけにとらわれず、世の中全般に好奇心をみなぎらせよう。奮起して予期しないチャンスを引き寄せよう。飛躍のチャンスを見極め、チャンスが消えないうちにつかみ取ろう。

自分に投資しよう

明日すること――

☑ 向こう数週間のあいだにあえてスケジュールをあまり詰め込まない日を設けて、時間にゆとりがなければ読まないような本を読もう。

別の部門の同僚とランチに出かけたり、

普段は視聴しないようなポッドキャストに加入したり、本業とやや違うが関連する分野の講演会やセミナーに参加したりしよう。

☑ 自分の知る中でいちばん好奇心が旺盛な人をランチに誘い、ほとばしるような好奇心を分けてもらおう。

☑ 信条、職業、ライフスタイルのいずれか、あるいはその組み合わせが自分とはまったく違うが、おもしろくて思慮深そうな人をソーシャルメディアで5人から10人新たにフォローしよう。「いいね！」を押して、新たにフォローした人たちの投稿が今後、優先的に表示されるようにしよう。

来週すること—

☑ 「YESデー」として丸1日を割り当て、その日はすべてにと言っていいくらい前向きな返事をし、そこからどんな偶然の幸運《セレンディピティ》が生まれるかを確かめよう。

☑ チャンスは人をとおしてもたらされる。いつもおもしろそうなことに関わっていそうな人を知り合いの中から見つけよう。そうした人々と会う機会を増やす方法を見つけよう。

来月すること――

☑ 友人たちと定期的な昼食会を始めよう。あなた流の「秘密結社」スタイルの集まりだ。やることは山ほどあるかもしれないが、人のつながりの中心になれば、セレンディピティが訪れる機会も多くなる。

☑ 『ワイアード』『MITテクノロジー・レビュー』などの雑誌やブログを定期購読しよう。こうした雑誌やブログはえてして、次の展開のヒントを与えてくれる。友人の中で誰が真っ先に新しいテクノロジーを使い始めるかを見極めよう。目的は、テクノロジー、経済、社会のトレンドによってどんな新しいチャンスの波が生まれそうかを把握することだ。

☑ セレンディピティを戦略的に増やす狙いで、つながりのある人たちに相談して一枚噛んでもらおう。
たとえば、イベントの共同主催者になってもらえないだろうかとか、仕事上の難題をサポートしてくれる相棒になってもらえないだろうかなどと、持ちかけてみよう。

第 5 章

リスクに気づかずいたら、リスクのほうがあなたを探し当てる

起こり得るリスクを不安視するのは
悪いことではない。
そのシナリオは本当に「最悪」なのだろうか?
不確実性とリスクを同一視してはいけない。
正確にリスクを評価しよう。
年齢と仕事のステージによってリスクは違う。
他の人にとっての危機は、
あなたにとっての機会になり得る。
短期的なリスクも、
長い目で見れば安定性を高める。
小さな火は大きな火災を防ぐのだ。

2012年のある秋の日、リンクトインの中間管理職で製品担当の幹部ライアン・ロスランスキーが、あるアイディアを売り込みに私のオフィスに入ってきた。

「リンクトインは、職業人のための一流のソーシャルネットワーキングサイトですよね。これに加えて、会員同士が仕事についての意見、予測、見識を共有できるコンテンツ・プラットフォームになったら、どうなるでしょう？」

私はロスランスキーの提案をありがたく思った。

当時リンクトインではさまざまな戦略を試して、サイトのエンゲージメント率を増加させようとしていた。リンクトインは、新規求人や新規雇用を探す場所と見なされることがあまりにも多く、必ずしも仕事で卓越するために毎日訪れるべきサイトとは思われていなかったのだ。たとえば、ステータスの更新情報とリンクをまとめたニュースフィードはすでに導入していたが、これはリンクトイン独自のものではなく、フェイスブックとツイッターが先にニュースフィードを取り入れていた。

しかし、ロスランスキーが売り込んできたアイディアは違った――リンクトインの会員が独自の長文コンテンツを発表できるようにすれば、関連性の高い記事を会員同士で共有できるので、ユーザー活動が急増するだろうというものだ。

ロスランスキーの意見を聞く私の心に、疑念の波が打ち寄せた。これは彼のプレゼン能力とはまったく関係ない。ただ、近年のコンテンツは短文スタイルの傾向がどんどん高まっていたからだ。

ツイッターが軌道に乗り始めており、簡素で短いやりとりがもてはやされる時代が訪れようとしていた。140文字のツイートに夢中になっている世界で、冗長なブログ記事は過去の遺物になりつつあった。

それに、まだ長文を書くことに熱心な人たちには、ミディアムのような定評のあるブログプラットフォームがたくさんあった。これは私たちにとって正しい行動と言えるのか？

「おもしろいアイディアだ」私はロスランスキーに言った。「でもうまくいくとは思えないな」

私は「君の独創力を尊敬するし、最終判断をするのは君だ」と明言した。そのうえで、こう説明した。

「長文コンテンツがユーザー同士の摩擦を増やすことはあっても、減らすことはないと思う。あらゆるトレンドが逆方向に向かっているときに長文コンテンツに投資するのは、冒す価値のあるリスクだとは思えない」
ロスランスキーは私の話を聞いて礼を言うと、部屋を去った。

私のオフィスを出た彼は、隣のオフィスの前を通り過ぎた。当時その部屋を使っていたのは、リンクトインのCEOジェフ・ワイナーだった。ワイナーは通りかかったロスランスキーに手で合図してオフィスに招き入れ、私との話し合いはどうだったかと尋ねた。

ロスランスキーは答える前にひと呼吸置いた。実のところ、そのときの彼はキャリアにおいて勝利を収める必要があった。コンテンツ製品管理のディレクターを2年間していたが、会員のエンゲージメントをぐっと高めるための暗号はまだ解けていなかったからだ。

職を失う心配はないものの、社内でのキャリア資本を失う危機に瀕していると彼は感じていた。コンテンツ・プラットフォームを強く推すことには、提案事業そのもののリスク以上に、個人的なリスクがかなり含まれている。

とりわけ、企業の創立者で会長（私）が難色を示した直後なのだから。見切りをつけて次に進むべきか、それともワイナーにも同じ提案をすべきだろうか？

どちらのリスクもとる価値がある、とロスランスキーの直感が告げた。そこでワイナーにもアイディアを売り込んだ。今度はリンクトイン内のデータ操作に関する深い知識にも言及した——私にはなかった知識に。

ロスランスキーは、「データ駆動型の手法を使えば、さまざまな長文コンテンツを適切なユーザーのニーズに合わせて届けることができる」と確信していた。適切なユーザーとは、長文コンテンツに実際に興味があり、参加してくれる人たちだ。

いずれにせよ、編集チームは第三者が書いた記事ですでにこの方法に成功している。自前のコンテンツで同じことをしてみたらどうだろう?

ロスランスキーは提案の根拠をワイナーに説明し、ワイナーは受け入れた。ワイナーがこの提案について私が述べたようなリスクを見落としたわけではない。他の人にはない洞察力に根差した、聡明なリスクのとり方だと思ったのだ。

ロスランスキーには情報という強みがある。ワイナーは彼に「その案を試してみよう、でも1つ注意事項がある」と言った。リンクトインのコンテンツ・プラットフォームは、ベルベットロープ戦略で発進させようというのだ。

ベルベットロープとは、レッドカーペットの横に吊るされた、有名人と一般人を分ける赤いロープのことだ。つまり、新しいプラットフォームに投稿できるのは、ビジネス界で最も功績のある何人かの人たちだけ。どんな製品を売り始めるときも、特別な人しか使えないという雰囲気が口コミを呼ぶ。

2人はその部屋で「リンクトイン・インフルエンサー」という名称を思いついた。

数週間後、ロスランスキーが別のミーティングを設定し、コンテンツ・プラットフォームの提案を実行してみると発言した。そしてこの試みの実行への道筋、リスクとリターンを説明した。当初はこの戦略に不安を抱いた私だったが、製品担当の幹部が実行の決定を出してからは、できることはなんでもやって全力で支援すると決めていた。

「最後にお願いが」ロスランスキーはおずおずと微笑んだ。

ベン・カスノーカと私に、周りの有名人や作家にコンタクトして、「リンクトインのプラットフォームで、ブロガーとしてデビューする気はないか」と聞いてほしいというのだ。私たちは喜んで引き受けた。

ロスランスキーと彼のチームは動き出した。賢くリスクをとるには、できるかぎりマイナス面を抑え、学ぶスピードを最速にしなければならない。

この精神の下、巨大な製品技術チームを立ち上げて完璧なブログシステムづくりに何ヶ月もかけるのはやめた。そうではなく、彼は小回りの利くチームを率い、6週間で実用最小限の製品をつくった。

出来上がったものは骨組みだけの簡素な製品だった。たとえばコメント機能はほとんど作動しなかった。しかしその骨組みは十分に信頼できるものだ。リチャード・ブランソンなどが、このプラットフォームの最初の100人のリンクトイン・インフルエンサーになった。

プラットフォームはすぐに回り出し、ロスランスキーの主張の正しさが証明された――何百万人という会員の中からしっかりと絞られたターゲットに、ブログ記事を届けることができた。経済の記事は金融関係者に、社会的影響力に関する記事は非営利団体の人たちに、学術記事は学者たちに、というように。

たちまちリンクトインユーザーのエンゲージメントは急上昇した。立ち上げからわずか1週間で、5万人を超える会員が、みずからもリンクトイン・インフルエンサー(つまりブロガー)になるための申し込みフォームに入力した。ロスランスキーの戦略がうまくいったのだ。

リンクトインは、自分の人生《キャリア》に大いに関心がある人々の注目を引くという面で、ツイッターと競合するようになった。

自分が間違っていたことが証明され、私は感激した。

その後、ユーザー自らが作成したあらゆるコンテンツのおかげでアクセス数が増えた。現在リンクトインでは40億ドル規模の広告事業を展開している。

その後もリンクトインはヒット製品を次々に世に送り出した。そして2020年、ジェフ・ワイナー、サティア・ナデラと私は、ライアン・ロスランスキーをリンクトインの新しいCEOに任命すると発表した。

ロスランスキーが賢くとったリスクは報われ、会社も、彼の人生《キャリア》も、リンクトインのコンテンツを書いたり読んだりする数億人の会員も、恩恵を受けた。

リスクはともすると悪玉扱いされる。株取引で損を出すとか、ヘルメットをかぶらずにバイクに乗る、といった行いを連想させるのだ。

しかし、リスクは敵ではない。常にそこにあり、避けることのできない人生の一部である。好むと好まざるとにかかわらず、自覚しているか否かにかかわらず、私たちは全員が毎日リスクをとっている。あらゆる行動がある程度のリスクを伴う。車を運転するとか、誰かと恋に落ちるとか（失恋するかもしれないぃ！）、核兵器や地震や危険なコロナウイルスが存在する世界に住むなど、日常的な事柄も例外ではない。

チャンスや仕事上の挑戦にはリスクがつきものである。ジョージ・クルーニーは、『ER緊急救命室』の役をつかもうとして熱心に自分を売り込み、オーディションを受けた。これもリスクを伴う行いだった。この番組が派手に失敗し、彼のキャリアの足を引っ張るおそれもあったのだ。

この世界でリスクを伴わない仕事上の機会など、文字どおりまったく話にならない。ただ、リスクに対処する腕前は人によって違う。

変化を最小限に抑えれば、安定したキャリアを歩めると考えている人もいる。だが皮肉にも、変化が激しく予測のつかない世の中では、安定したキャリアを手に入れたという自己満足に陥ることがとてもリスクの高い選択となる。

何もせずにいることは、行動するよりリスクが高いことが多い。たとえば、病気なのに診察を受けようとしない人は、何もしないことで大きなリスクをとっている。同じように、斜陽産業で働いているのにプランBを探そうとしない人は、方向転換しないことで多大なリスクを負っている。

もちろん失敗することはあり得る。失敗はつきものだが、実際には、リスクがないふりをしているときこそ失敗する可能性が高い。不都合やデメリットにいちいち目をとめるのは弱さの表れだとでもいうように振る舞い、リスクに対する無知をさらけ出す人もいる。「失敗は許されない！」というセリフは映画の中ではさまになるかもしれないが、人生戦略《キャリア》を立てる際には得策とはいえない。

どこにでもリスクはある。当然だ。だから、リスクに対処することを学ばなければならない。リスクから逃げるのではなく、賢くリスクをとるスキルを磨くべきだ。これはあまり聞かないスキルだが、必要なものだ。身につけることで、あなたは飛躍へのチャンスをつかみ、卓越したキャリアを築くことができる。

もちろん、リスクの程度には差がある。同僚とのいざこざをめぐって上司に意見すれば、告げ口屋の悪評を得るかもしれない。賃上げを求めて交渉すれば、強欲で傲慢《ごうまん》だと見られかねない。ポートフォリオ・キャリアを目指して副業をすれば、会社の業務にしわ寄せがおよびかねない。

だが価値ある成長が見込めて、考えうる利益が損失を上回るなら、リスクをとる価値はある。マイナスの結果はまったく出ないだろうと判断できるときも同じだ。

冷静にこうした計算をする能力こそが、リスクをとる「スキル」だ。

「リスクが高い」と呼べるのは、不都合がいまにも起きそうな状況を指す。たとえば、大手航空会社の運航便に乗るのは「リスクが高い」とは言わない。万が一にも墜落すれば悲惨だが、その可能性はきわめて低いからである。飛行機に乗るのはリスクを「伴う」が、事故が起きる可能性は非常に低い。リスクは「高くない」のである。

この微妙な違いを理解してしまえば、「リスク」と「リスクが高い」という言葉があちこちで雑に区別なく使われていることがわかるだろう。

起業家の中には、むやみにリスクをとろうとする人もいなくはない。馬鹿げた夢を追い求めて、無鉄砲にも会社もろとも危ない橋を渡ろうとするのだ。

偉大なる起業家は違う。彼らは、リスクそのものへの許容度が高いのではなく、リスクの大きさをよくよく見極めたうえで対処する。これが並みの起業家と一線を画する点である。

「自分の戦略に伴うリスクを重く受け止めていないようなら、それはたいした戦略ではない」

とは、ネットフリックスの創業者リード・ヘイスティングスの言葉だ。ヘイスティングスは見事な腕前で思慮深くリスクをとった、彼の世代を代表する起業家である。[1]

これはスタートアップだけでなくキャリアにも当てはまる。仕事上のチャンスに伴うリスクについて、真剣に考える必要に迫られないのなら、あなたはきっと飛躍へのチャンスを求めてはいないのだろう。

賢くリスクをとる人は、仮に不都合があったとしても、リスクを正当化できる十分なメリットがある場合だけ、チャンスを追い求める。これは自分の人生《キャリア》の舵を取り、成功するうえで大切なスキルの1つだ。

リスクを賢く見極める

個々のリスクの大きさは、簡単に見極められるものではない。これにはいくつかの理由がある。まず、リスクの大きさは人によっても状況によっても違ってくる。

私のリスク許容度はあなたのそれとは違うかもしれない。あなたには大きなリスクに見えることも、他の人にとってはそうでもないかもしれない。

次の仕事が見つかる前に辞表を出してしまうのは、人によってとてつもなく無謀な場合もあれば、それでかまわない場合もあるだろう。

「状況」と「心理」、この両方の要因が私たちとリスクの関係性を決める。

リスクを避ける状況的理由は、貯金が少ないとか、養う子どもがいるといったことだろう。

一方、心理的理由とは、もともとリスクをとることが苦にならず、むしろ心地よいと感じる人々に当てはまる。

職業上のリスクをどの程度とるかは、その人の感情と生活環境の兼ね合いによる。起業するために会社を辞めて、数ヶ月は無給でしのぐ人もいる。そうかと思えば、安定した給料や福利厚生が約束されない立場に身を置くことなど、想像すらできない人もいるだろう。

裕福な家庭に生まれた人もいれば、そのような安全網を持たずに生まれた人もいる。つまり、リスクは主観に影響されるのだ。職業決定にあたり、あなたの初期設定はリスクを高いとみなすだろうか、低いとみなすだろうか。それを知っておくのは重要だ。

しかも、リスクの大きさは一定ではない。天気のようにくるくると変わる。あなたも、競争の状況も、業界も、変化していく（これを絶対に覚えていてほしい）。

いまのあなたにとってリスクの大きい選択も、1ヶ月後、1年後、5年後にはそうでなくなっている可能性がある。状況は絶えず揺れ動いていてつかみどころがない。たとえば、あなたが昇進・昇給したばかりのときと、新入りのときとでは、事情は異なってくる。あなたが「自分をプロジェクト・リーダーにしてください」と上司に嘆願したら、同僚が不満に思うおそれはどれだけあるだろう？　常にリスクの大きい行いもなければ、常にリスクと無縁な行いもない。[2]

リスクを見極めるのは難しいが、不可能ではない。起業家は毎日これを実践している。もっとも、金融機関が使うような洗練されたリスク分析モデルに頼るのではない。エネルギーに満ちたスタートアップの成功見込みについては、確率や範囲を導き出す数式などない。まして、人生《キャリア》の成功確率やリスク度合いを計算するなど、現実的ではないだろう。目の前の機会1つひとつをとって、潜在的な損得を明らかにしたり、あらゆる将来について、どんな結果が待っているかを予測したりするのは不可能である。情報は足りないはずだし、私たちの直感は先入観や思い込みだらけだ。そのせいで合理的な判断が妨げられる。

そこで以下では、リスクの大きさを見極め、うまく付き合っていくうえで助けになるヒントをいくつか紹介したい。

あなたが思うほどリスクは大きくないだろう

人間は本質的にリスクを避けるようにできている。そのように進化してきたのだ。なぜなら私たちの祖先にとっては、「あそこに食べ物がありそうだ」というチャンスの兆しよりも、「あそこに捕食者がいそうだ」という危険な気配のほうが、見逃した場合の打撃が大きかったからだ。

神経心理学者のリック・ハンソンによる説明はこうだ。

「母なる自然は、私たちの祖先を生き延びさせようとして脳を進化させた。そのせいで人間はしばしば3つの判断ミスをしてしまう。脅威を実際より大きく見て、チャンスは実際より小さく受けとめ、脅威にうまく対処してチャンスをつかむために自分ができることを過小評価するのだ」[3]

この結果私たちは、どのような状況でもリスクを大きめに見積もるようになった。[4] だから私たちの直感や選択は保守的になりすぎてしまうのだ。

そのうえ、どんな機会であっても、私たちはプラス面よりマイナス面に注目しがちだ。私たちはムチにはすぐに気づくが、アメにはなかなか目をとめない。心理学で言うこの「ネガティビティ・バイアス」は、日常生活でも頻繁に現れる。

「あの人とは一緒に仕事をしないほうがよい」と強く釘をさされるのと、「あの人と一緒に仕事をするとよい」と強く推薦されるのとでは、前者の否定的な言い方のほうが鮮明に印象に残る。

同じように、誰かの副業が失敗した話のほうが、成功した話よりよほど記憶に残るだろう。「型破りな提案をしたら、上司にどう思われるだろう」という不安が、「仕事ぶりに感心してくれるだろう」という思いを圧倒する。

脅威を実際より深刻に受け止めて犠牲者を出さないようにするのは、遺伝子を次世代へと引き継いでいくという進化の鉄則を守るうえでは望ましい戦略かもしれない。

しかしこれは、人生を最大限に活かすための方法ではない。精一杯生きて活躍しようとするなら、このネガティビティ・バイアスの克服に努めなくてはいけない。

そのための第一歩として、「不都合はおそらく、自分が思うほど大きくはない（起きそうもない）」と自分に言い聞かせることが大事だ。心に抱く不安を鎮めよう。

最悪のシナリオに耐えられるか判断しよう

いまから30年ほど前、ニューヨーク大学のズー・シャピラ教授は、企業幹部およそ700人にいくつかのシナリオを示し、リスクをどのように測るかと質問した。

その結果は、私たちにとっても、現実世界での経験があるどの企業幹部にとっても、意外ではなかった。回答者たちは、さまざまなシナリオが実現する確率を数学的に弾き出したのではない。損得をいくつも数え上げたわけでもないし、入り組んだ意思決定の木《デシジョンツリー》を書いたわけでもない。むしろたいていの人は、「最悪のシナリオが現実になった場合、それに耐えられるかどうか」という、イエスかノーで答えられる単純な問いの答えを出そうとした。イエスかノーか。以上。

つまり、「最悪のシナリオが現実になったとしても、生き残れるだろうか？　もし打ちのめされても、ふたたび立ち上がれるだろうか？」ということを真っ先に気にするのだ。

破滅のシナリオが現実になり、自分の評判が取り返しのつかないほどひどく傷つく、お金をすべて失う、あるいはキャリアが断たれるなら、そんなリスクをとってはいけない（キャリアが断たれるように見えるかもしれないが、実は方向転換をうながすような出来事なら話は別だ）。

もし最悪の結果が、解雇される、少しの時間やお金を失う、不快感を味わうといった程度のものなら、堅実で信頼できるプランZがあるかぎり、すぐに回復できる。他の要素も検討しつつ、リスクをとる余地を残しておこう。

一方通行のドアを通過する前によく考えよう

よい人生《キャリア》への切符になればと、多くの人が大学院に通う。JD（法務博士）、MD（医学博士）、MBA（経営学修士）、PhD（博士号）、その他しゃれた響きの頭文字の学位を得る。最終的にほとんどの人は自分が選んだ職業上の進路に満足するが、そうならない人もいる。学問の世界がいかに競争だらけで搾取的かということに気づき、中退する人もいる。進むべき道を間違えたことに、学位を取った後で気づく人もいる。

こうした人たちは、進学時に現状とは違ったリスク水準を予測していたので、後になって事態の深刻さを身をもって知ることになる。どのくらい借金を抱えているのだろう？　どれほどの時間を間違えて配分してしまったのだろう？　よりよいキャリアに切り替えるのにいくらかかるだろう？

だがもっと大きな疑問がある。リスクを吟味して「判断を誤った」と気づいた場合、自分のキャリアにどんなマイナスの影響があるだろう？　判断を誤る可能性はどのくらいあるだろう？

これに対して厳しい答えが出るようなら、そのチャンスは大きなリスクを伴うはずだ。慎重に対応すべきである。

立派な学位を取得して大学院を卒業する人の多くは、キャリアを修正し、驚くべき成功を収める。悪戦苦闘する人もいる。もちろん、大学院に投資するのは一例にすぎない。こうした例はどの業界にも山ほどある。

大事なのは、降りかかるかもしれないリスクに備えて安全策を講じることだ。

マイケル・デルがテキサス大学在学中にデル・コンピュータを創業した話は有名である。だが、当時はもちろんこのスタートアップが成功するかどうか不透明だったので、彼はリスクを避けるための手を打った。大学を中退するのではなく、正式な休学届を提出して、会社がうまくいきそうもなかったらすんなり復学できるようにしたのだ。[5]

マイケル・デルは慎重にリスクをとり、いざとなったら起業の決意をひるがえしてプランBに方向転換する道を残しておいた（もっとも彼の場合、復学することはなかった）。

ここで第2章を振り返ると、ポートフォリオ・キャリアの長所の1つは、絶えずリスクを分散していることだ。ある収入源が枯渇するといった事態になっても、他の策を講じることができる。

この考え方について、ジェフ・ベゾスは「一方通行のドア」と「両面通行のドア」の違いだと述べている。一方通行のドアを通り抜けると、もう後ろを振り返ることはできない。両面通行のドアを使えば、必要に応じて逆戻りできる。つまり、一方通行のドアは高いリスクを伴っているのだ。

どちらかのドアが本質的に優れているわけではない。ただ、その敷居を越える前にリスクについて真剣に考えるべきだ。

不確実性をリスクと混同しない

不確実性はリスクの本質だ。チャンスが複雑で魅力的であればあるほど、不確実性も大きくなりがちである。だがどんな状況であれ、あらゆるメリットとデメリットを知り尽くすことなど、決してできない。

情報が25％しかないなら仕事を変える気にならないだろうが、情報が１００％揃うまで待つわけでもないだろう。そんなことをしたら、永遠に待たなくてはならない。絶対確実などありえない。

では、どのあたりまで待てば最良の結果が得られるのだろう？

それは状況次第だ。情報が75％揃うまで待った場合、決断を下せるかもしれないが、それが最新の好機だった場合はそれでは手遅れだ。

こうした状況は、初期段階に投資を行うベンチャー・キャピタルでよく起きる。あるベンチャー・キャピタリストは何週間もかけて投資審査と分析を行ってから、ようやく投資しようと決めるが、大きな不確実性があっても賭けてもいいと考える別の投資家に、すでに好機をさらわれてしまっていることに気づくのだ。

たしかに、先行きが不確実だと落ち着かない。確実性を求めるのは人間として当然のことだ。それなのに、私たち人間が住むこの世界は無慈悲なほど不確実で、はかなく、謎めいてさえいる。

職業決定においては、先行きが不透明な場合、決断を下すこと自体を避ける人は少なくない。情報を知らないことと「潜在的によくない」ことを混同してしまい、その思い込みを捨てきれない。

だが、不確実だからと言ってリスクがあるとは限らないということだけは覚えておいてほしい。リスクがほとんどないように見える機会のほうこそ、たいてい不確実性が高く結果が読めないのである。

人生のこの事実にどう対処すべきかについて、多くの先人が教えを説いている。

サンドバーグがワシントンDCからシリコンバレーに移り住んだときも、不確実な要素は数え切れないほどあったはずだ（カリフォルニアは子育てに適した土地だろうか？　もしグーグルが傾いたら、彼女の評判はどれだけ傷つくだろうか？　ワシントンDCの人脈を失うだろうか？）とはいえ、彼女の家族がカリフォルニアに住みたがらないこと、グーグルが倒産すること、ワシントンDCの仲間が連絡を断つことは考えにくかった。数々の不明点を深刻なリスクととらえたなら、サンドバーグは決してグーグルに転職せず、飛躍への大きなチャンスを逃していたはずだ。

不確実だからと言って、リスクを過大評価しすぎないようにしよう。そしてプランBをつくって、プランAの先行きが見えないストレスを和らげよう。

年齢と仕事のステージを考えよう

年齢と仕事のステージによってもリスクの大きさは変わってくる。一般には、若ければ若いほど、失敗した場合の痛手は小さくてすむ。

あなたが20代、30代なら、まだキャリア資産を開発し、それらが市場環境のどこに適合するか（しないか）を学んでいる段階だ。何をとるか（もしくは何をとらないか）によって、大きなリスクをとっている。

だがお金と評判、どちらの面でも巻き返しを図るのに十分な時間が残されている。頼りにできる両親や家族がいることが多い。子どもや住宅ローンなど選択の幅を狭めかねない大きな責任を抱えている可能性も低いだろう。

ファイナンシャル・プランナーは若い人に債券より株式への投資を勧めるが、これと同じく、若いときは仕事のうえでも果敢にリスクをとることが大切である。

若者が起業したり、世界中を旅して回ったり、仕事上で比較的「リスクの高い」選択をしたりするのも、これが主な理由である。つまり、大きな痛手を被るおそれが小さいのだ。価値ある挑戦に伴うリスクが、5年後にはいまより大きくなっているなら、いまのうちに積極的にリスクをとりにいこう。年齢を重ねて資産が増えるにつれて、リスク耐性は変化し、警戒心が増していくのだ。

「リスクに見える」は逆張りのチャンス

あなたの持ち味と置かれた状況によっては、他の人にとってはリスクが大きい選択肢も、あなたにとってはそうではないかもしれない。

リスクの度合いは人によって大きく異なる。ときには、あなたと同じような資産と大志を持ち、同じ市場環境に身を置く人が、実際よりもリスクを大きく見積もる場合があるだろう。リスクの認識に差があるのはいいことだ。あなたにとっては、同僚がうかつにも見逃しているチャンスを追いかける好機になる。

偉大なる投資家ウォーレン・バフェットは、「みんなが貪欲になっているときは臆病になり、みんなが臆病なときは貪欲であれ」という言葉を持論にしている。

バフェットにとってはこれが競争上の強みなのだ。

2008年の金融危機のさなか、たいていのアメリカ人が怖気づいて持ち株を手放すのを横目に、彼は株価の下がったアメリカ株を買い込んだ。

「買い手がいない」と思える時期に株を買えば資産を築ける。将来的には上がると思うからこそ、いまのうちに購入しておくのだ。

売り手のほうは、今後は株価が下がると考えている。公開市場で株に投資をするときは、他の多くのことと同じく、逆張りでしかも正しい判断を下すと大きな成功を手にできる。

逆張り——つまり多くの人と逆の立場をとること——とは、他の誰もが追いかけているような、明らかにハイリスク、ハイリターンな機会に飛びつくのとは違う。むしろ、みんなが考えるよりはリスクが低く、しかも大きな見返りが期待できる機会を追求することを意味する。

思ったよりリスクが低いことが多い仕事上の機会や状況には、以下のようなものがある。

● 報酬は少なくても、とても多くの学びにつながる仕事。

仕事上のチャンスを検討するとき、人々の関心は、「報酬がいくらか」といった、数字で表しやすいハード資産（第1章を参照）に向きがちだ。

あまりお金にならない仕事で、実は多くの学びや幅広いつながりが得られる仕事は、見返りが大きいはずだが、「時間を無駄にするわりにお金にならない」などリスクが大きく見えて見向きもされないことがある。

● フルタイムの仕事と比べて「安定性」に欠ける、パートタイムや業務委託などの仕事。少しばかり不安定でも、一部の人たちが思うほどの支障はない。それどころか、次の項で述べるように、不安定なほうが利益をもたらすことも少なくない。

「パートタイムや業務委託（ポートフォリオ・キャリアの特徴）は、フルタイムの仕事よりリスクが高い」と考える人が多いが、本当はこれらこそ、さまざまな可能性を掘り起こし、プランBへの方向転換に役立つスキルや人脈を培うための、素晴らしい機会である。私も最初はアップルの契約社員だったが、のちにフルタイムに移行した。

● 経験は乏しくても、仕事を覚えるのが早い人材を雇う。

これは中くらいのリスクで大きな見返りが得られる選択肢である。仕事の呑み込みがよければ経験不足を補える。しかしこうした人材は市場では過小評価されているので、安く雇える可能性が高い。

● 「リスクが高い」としきりに伝えられているすべての機会。

私たちは生まれつき物事を悲観的にとらえる傾向があるから、危険や不都合について聞く回数が多ければ多いほど、それが起きる可能性を大げさに受け止めてしまいがちである（だから、航空機事故のニュースが大きく取り上げられたあとは、いつもより「飛行機に乗るのは怖い」と思うのだ）。

ある仕事やキャリアパスについて、メディアや業界人がしきりに「リスクが高い」と主張している場合はおそらく、たいていの人が考えているよりも実際のリスクは小さいだろう。

自分がよく知る分野では、リスクの割に見返りの大きな機会を見つけられるだろう。たとえば駆け出しの起業家は、不況に直面するとビクついて事業アイディアを諦めてしまう場合がある。「なかなか資金を調達できないし、買い手に財布のヒモをゆるめてもらうのは思ったより難しい。こんな大変なときは会社勤めのほうが安定している」などと結論を出すのだ。

片や経験豊かな起業家は、みんながリスクを怖がっているからこそ、不況期の起業は世間で考えられているよりリスクが低いという実情を心得ている。不況期に会社を興せば、一流の人材や顧客の財布をめぐる競争が少なく、メディアにも取り上げられやすい。競争相手よりかなり優位に立てるのだ。

マイクロソフト（1975年）やAirbnb（2008年）のような卓越した企業も、不景気がきわまった時期に創業した。非常に多くの起業家が「不況期はリスクが高い」と考えている事実そのものが、かえってリスク度を押し下げているのだ。

リスクを「低く見積もる」状況は他にもたくさんある。よい企業に入り、悪いマネジャーの下で働くのは思ったよりリスクが高い。無能で部下を支援しないマネジャーは、あなたの大志を妨げ、業務遂行の邪魔をする。

また、きわめて高い機密性が求められる機会もリスクを伴う。あなたが何をしているのかを人前で話せない、完全な職務記述書をリンクトインに載せられないとなると、偶然の幸運《セレンディピティ》の恩恵を受けられる可能性は低い。

この他、不活発で低迷している業界の低成長企業で、いかにも立派に聞こえる上級職に就くことも、実はリスクが高い。いまは給料もよく地位も安定しているかもしれないが、中長期的には存在の危機に直面しやすい（企業が倒産するかもしれないし、業種が崩壊するかもしれない）。

いま挙げたような危険信号が隠れた「機会」は避けよう。こうしたリスクをとる人たちを目にすることもあるだろうが、これらのリスクは、長期的にはあなたの人生《キャリア》に大きな悪影響を与える。

変化が「リスクではない」時代

一部の職業や仕事は、世間で「他よりもリスクが高い」と考えられている。2003年、2人のエコノミストが「リスクと職業の選択」と題した論文を発表した。収入の安定性や平均失業率などをもとに、各業界についてそこで働くリスクを推計したのである。[6]

筆者たちは、収入の変動や失業を「衝撃」と表現している。彼らによれば、リスクが高い（衝撃が大きい）職業は経営、エンターテインメント、セールス関連、リスクが低い（衝撃が小さい）職業は教育、保健・医療、エンジニアリングだという。

表現を換えるなら、リスクが高い仕事は浮き沈みが激しく、リスクが低い仕事は安定しているという考え方である。

これは従来の常識とも一致する。リスクを避ける人は教員、医師、弁護士や裁判官、銀行員などになり、リスクをいとわない人は会社を興したり、ミュージカルの世界に飛び込んだりする。

だが、この前提は正しいのだろうか？

■不安定のパラドクス：小さな火は大火災を防ぐ

9・11同時多発テロ、リーマン・ショック、2004年のインド洋での大津波などは、「ブラック・スワン」（最悪の影響をもたらす可能性がある、ランダムで予測できない出来事）の具体例である。

予測は不可能で、影響は凄まじかった。友人のジョシュア・クーパー・ラモは著書『不連続変化の時代：想定外危機への適応戦略』（講談社インターナショナル）において、「私たちが生きているあいだにブラック・スワンはさらに現れると覚悟しておくべきだ」と述べている（新型コロナウイルス感染症による世界的パンデミックに加え、2020年にはカリフォルニア州で史上最大の山火事が起きた。ハリケーン「エータ」は中米各地に壊滅的な打撃を与え、アメリカの大西洋南部沿岸に鉄砲水をもたらした）。

ラモによれば、想像もできないような大変動は増えているという。世界各地のつながりが緊密になっているため、ある地域のちょっとした変動が至るところに破局的な影響をおよぼしかねないというのだ。

ウイルスがあっという間に広がるのとよく似ている。アジアやヨーロッパの経済の不調は、アメリカ経済にも波及する。中東で政情不安が起きると原油価格が高騰する。互いに依存している世界では、いっさいが例外なくつながり合っているため、その代償として不安定さとお互いへの波及効果が生まれてしまうのだ。

経済、政治、労働市場はこれから先、予想外の衝撃に何度もみまわれるだろう。その意味でこれからの世界は、シリコンバレーのように変化と混沌が絶えなくなると考えられる。

ではあなたは、衝撃を避けようとして、医療や教育といった変化の少ない分野の職業に就くべきだろうか？　そうとは限らない。

タレブは、打たれ強さを研究する生態学者の説を一歩進めて、「波風の少ない環境をブラック・スワンが襲った場合のほうが破壊力は大きい」と書いている。変化の少ない状態が続くと「安定している」という幻想が生まれるだけである。

たとえば北朝鮮は独裁政権で、政治動向における変化は少ない。しかし、イタリアのように第2次世界大戦後ずっと政治が不安定な国よりも、独裁政権の国の方が革命や、存続に関わる混沌に陥るリスクは大きい。[7] ラモは理由をこう説明する。

「イタリアは、森林でぼやが起きても大火災にならないように藪《やぶ》を刈るなどして、災厄をたびたび乗り越えてきたから、危険な混沌を耐え抜く力がある」。小さな火事があったからこそ、予期しない危機を克服する力が政治体制に備わったのだ。

さしあたっては、波風がないのは安泰を意味する。ところが凪のような状態が長く続くと、想像もつかないような外からの衝撃を跳ね返す力が衰えるため、ぜい弱さが増していく。

このような理由から、経済学を専門とするシカゴ大学のラグラム・ラジャン教授は2005年にFRB（連邦準備制度理事会）の年次シンポジウムにおいて、「グリーンスパンFRB議長は、在任中に2回のゆるやかな景気後退しか起こさずにいるため、この責任を問われるべきかもしれません」と発言した。[8] 経済システムに十分な負荷がかからずにいたせいで、大きな衝撃の影響を受けやすく危険な状態になっていたのだ。

短期のリスクがかえって長期のリスクを小さくするというパラドクスは、キャリアにも当てはまる。

以前であれば、安定した勤務先といえばIBM、HP（ヒューレット・パッカード）、ゼネラルモーターズなどを思い浮かべただろう。これら企業はみな、長い歴史と膨大な従業員数を誇り、揺るぎない地位を保ってきた。いずれも一時期は終身雇用を事実上の方針とし、はっきりとそううたっていた例さえある。

だから、市場の環境が厳しくなってやむをえず数千人を解雇したとき、どんな状況だったかを想像してほしい。「引退するまでHPで勤め上げる」という心づもりだった人の胸中はどんなだっただろう。彼は朝から晩まで会社で仕事をして、スキル、経験、人脈はすべてその会社と分かちがたく結びついている。それなのに突然の解雇とは、なんということだろう。

こうした衝撃に打たれ強くなるには、変化に「慣れ」ておくとよい。

最近では終身雇用は保障されておらず、拙著（共著）『ALLIANCE アライアンス――人と企業が信頼で結ばれる新しい雇用』（ダイヤモンド社）で述べたように、会社と働き手との古い約束は白紙になっている。

もっとも一部の業界ではいまなお、いくらかは安定らしきものがある。官僚や役人、教員、エンジニア、医療関係者などは、解雇されにくく、給料の変動が小さく、仕事上の責任が変わることが少ない。世間一般では、こうした仕事はリスクが小さいとされる。

だが、政府に勤務する人と、不動産仲介業を自営する人を比べてほしい。不動産仲介業をしていると、次にいつ収入が入るかわからない。ある月には市場に出す物件が12件あるかもしれないが、翌月にはゼロかもしれない。顧客とのつながりを築き、市場の変化に取り残されないようにしなくてはならない。収入には波があるが、たまに数百万ドルもする大型物件の成約にこぎつけて、なんとかしのぐ。

他方、政府に勤めていると定期的に給料が振り込まれ、何年かおきに自動的に昇進していく。食いっぱぐれることはない。

ただし、公務員の年金制度が崩壊したり、経費節減のために所属の部署が廃止になったりすれば、話は違ってくる。こうなるとにっちもさっちもいかない。ピンチを切り抜ける力を養っていなかったから、方向転換への備えが甘い。

それに引き換え不動産仲介業者は、ずっと七転び八起きを重ねてきたから、業界で何かが起きたとしてもなんとかなるだろう。

想像もつかないことが起きる時代には、長い目で見た場合、どちらの人生《キャリア》がよりリスクが大きいだろう？

折に触れて賢くリスクをとらないかぎり、いつかは「こんなはずではなかった」と動揺する羽目になるだろう。

アメリカ海軍特殊部隊には、「追い詰められたら、うまく対処しようとせず、訓練してきたことを思い出せ」という格言がある。山あり谷ありのキャリアを歩むことで、あなたはリスクに対処する訓練を積んでいる。突発的な危機をも乗り越えられる。「衝撃をしなやかに吸収する力」を身につけているのだ。[9]

職種によっては頻繁な浮き沈みがつきものである（起業家やポートフォリオ・キャリアを歩む人々がこれに当たる）。そうでない仕事の場合には、あえて衝撃や混乱を引き寄せなくてはならないだろう。

第4章で紹介したチャンスを引き寄せる戦略を、積極的に取り入れるとよい（結局のところ、チャンスとリスクは表裏一体なのである）。具体的には、団体に参加する、自分で団体をつくる、活発に動き回る、副業をする、奮起してチャレンジする、などである。

要するに、もっと「イエス」と言う回数を増やそうということだ。朝から晩まですべてに「はい」と返事をしたら、どうなるだろう？　これを1週間続けたらどうか？　欠席したいと思っていたカンファレンスへの案内に「参加します」と返事をすると、もしかしたら新規事業、新規研究、あるいは新しい付き合いのヒントになるような意見を、小耳にはさめるかもしれない。

もちろん、厄介事やピンチ、時間の無駄などにつながるおそれもある。だが、どちらも悪くはない。偶然の幸運《セレンディピティ》につながる機会に出会うか、さもなければ当面の不運を耐え抜く力を培えるかなのだから。

「リスクは避けられる」と思い込んでいると、人生が変わるかもしれないチャンスを逃してしまう。しかも、とてもリスク耐性の弱い生き方を選んでしまい、やがてとんでもない苦難に直面するだろう。それだけではない。変曲点やブラック・スワンのような人生《キャリア》を脅かす出来事がいつ起きるかは、決して完璧には見通せない。

しかし、「リスクはあって当然だ」というスタンスで、リスクについて熟慮することができ、逆境を跳ね返す力が身についていれば、難題が降って湧いたらどうなるかをあまり気にせずに、大きなチャンスに賭けることができるだろう。

「スタートアップ的人生《キャリア》戦略」を成功に導くには、長い目で見た場合のリスクへの対処法として、逆境への強さを身につけるしかないのだ。肝に銘じておいてほしい。もしリスクに気づかずにいたら、リスクのほうがあなたを探し当てるだろう。

自分に投資しよう

明日すること――

☑ 関わっているプロジェクトを、リスクの大きい順に並べてみよう。そして、本当のところどんなプラスとマイナスがありそうかを真剣に考えて、全体としてリスクを大きく見積もりすぎないよう見直してみる。

プロジェクトの不確実性を「リスクが大きい」と勘違いしていないだろうか？

来週すること――

☑ 他の人は避けがちだが自分は許容できる新しいリスクを見つけて、そのリスクをとってみよう。貯金があまり貯まらないのを覚悟で、報酬は低いが学ぶことの多い仕事をしようと思えるだろうか？　長期の仕事ではなく、月ぎめ契約でもかまわないだろうか？

普通の人には見通せないようなリスクのあるプロジェクトを探してみよう。自分を差別化する機会になるだろう。

来月すること――

☑ 自分のプランZをもう一度振り返ってみよう。いまでも現実的だろうか？　プランAが暗礁に乗り上げても、なんとかやっていけるだろうか？　知り合いに相談に乗ってもらいながら、予想外の出来事が起きた場合について考えよう。
また、あなたがリスクについて人と違った見方をするタイプなら、他の人たちはあなたがチャンスと思ったことを否定するかもしれない。この点を頭に入れておくとよい。詳細を知り合いに話して反応を見て、自分のリスク評価が実際には相対的にどのくらいなのか分析しよう。

第 6 章

他人の頭脳を拝借する

必要な情報は、周りの人と分かち合おう。
大事な情報はネットにころがっていない。
その道の専門家、自分をよく知る人、
幅広い専門家にアドバイスを求めよう。
気の利いた質問を常に用意しておくと、
有益な情報が得られるかもしれない。
相手をよく知るために、情報をうまくまとめよう。
大事なのは周りからの情報だけではない。
自分の直感の声を聞こう。

1999年、新世紀に入ろうとする頃、ビル・ゲイツはこう記した。

「あなたの会社を競合他社と差別化し、その他大勢に水をあける最高の方法は、情報を鮮やかに使いこなすことだ。情報をどう収集、管理、活用するかが、勝敗の分かれ目となる」[1]

この言葉がいまほど強く当てはまる時代はない。

だが、「情報を鮮やかに使いこなす」という言葉によってゲイツが本当に言わんとしているのは、「よりよい決断をしよう」ということだろう。

決断とは運命そのものだ。そして、どう決断するかは、持っている情報によって決まる。もしくは、持っていない情報によって。

あらゆるスタートアップは、いくつかのきわめて重要な選択の結果で成り立っている。起業家は、そのときどきで決断を下さなくてはいけない。

たとえば、共同創業者として誰を選ぶか、初期に雇用すべき人材とは、資金の投資はだれから（そしてどのような条件で）受けるべきか、いつ方向転換《ピボット》すべきか、そもそも方向転換が必要か、いつ、どのように規模を拡大していくか、といったことだ。

キャリアにおいても、人生を左右するであろう決断を迫られる、避けて通れない岐路に立つ場面が出てくるだろう。そうした気を抜けない岐路にいることを自覚できるときもある。たとえば、進学する大学を決めるときなどだ。

一方、なんとなく人生を変えうる状況に足を踏みいれたのかもしれないと感じるという程度のときもあるだろう。偶然の幸運《セレンディピティ》から、のちに頼れるビジネスパートナーとなる相手と出会ったときなどだ。その決断が実はとても重要な意味を持っていたことに、後から気づくこともある。

本書が、これまでの章で述べた以下のような点において、あなたが考え、解決し、チャンスを最大限に活かすための指針となっていることを願っている。

- 強みを培うために投資すべきスキルは何か、プロフェッショナルとして生きるために自分の理念や大志をどう活かすか、惹かれるのはどういった分野や業界なのか（第1章）
- キャリアのためのプランA、プランB、プランZをつくるには、プランの改良が必要なのはどんなときか（第2章）

●人とのつながりを築くには、つながるべき相手とは、つながり続けるには（第3章）
●偶然の幸運《セレンディピティ》のつくり方とその活かし方（第4章）
●結果が伴うかわからないリスクをいつ、いかにして取るか（第5章）

この章では、あなたがキャリアにおける最も重要な判断を下すときに力を貸してくれる存在を必要としているとき、情報がどのように人々を介して伝わるのかについて述べていく。

つながりを知恵袋に、仕事上の難問を解く

私がリンクトインを創業したのは、われわれプロフェッショナルが職業上のアイデンティティのままいられる場所をソーシャルメディア上につくるチャンスを見出したからだ。だが、それ以上のことも目指していた。プロフェッショナルとしての知恵を互いに瞬時に伝え合えるようにしたかったのだ。

私たちがこれまで「情報」や「知識」について教わってきたことは、見当違いもいいところである。学校教育では、教科書に書かれている事実を頭に叩き込み、試験で吐き出すよう訓練

される。学習についてのこの政府推奨の発想は、知識を形あるモノのように扱っている。一度学べば、一生身について離れないというわけだ。

ましな学校や先生だったら、「学び方を教えて」くれるかもしれないが、「経験から学ぶ」のとはわけが違う。学習における社会性も考慮されない。試験勉強をするのも、試験を受けるのも、1人だ。

起業家がこんなやり方で考えたり学んだりしてはいけない。あなたもそうだ。学校で学ぶときは「シングルプレイモード」でもいいが、現実世界は「マルチプレイモード」で協力し合っていく。

起業家は知恵を集めること、そして世の中に出ていくことによって、この常に変わりゆく世の中で会社を舵取りするための日々の課題に対処する。

知恵とは、販売形態、業界トレンド、新しいチャンス、競合他社の動き、有望な若手の人材、顧客の心情や顧客情報など、事業のあらゆる側面についての、行動に直結する旬の情報を指す。企業にとって知恵とは、迅速に一か八かの判断をするときに使う水先案内人のようなものである。

同様に、自分のスタートアップ的人生《キャリア》を順調に進めるのにも優れた知恵が求められる。しかし、いまの時代を生きるプロフェッショナルは、昔ながらのやり方で知識を吸収していたのではまずい。なぜなら、本当に求められる知識は一定ではなく、絶えず変化しているのだから（たとえば、2020年2月の時点では、まもなく労働衛生研究所に認可されたN95マスクの常備が必須になるとは誰も予測していなかった）。

仕事の世界ではいわば毎日が試験日。くる日もくる日も、予想外の難問や決断を迫られる。事実やデータをいくら蓄えてもどうにもならない。突破口を開くのは、必要なときに必要な情報を手に入れる能力である。そして、「必要なとき」はすぐに来るものだ。

起業家にしろ、野心あふれるプロフェッショナルにしろ、正確で行動に直結する情報を集めるための主な情報源は、人とのつながりだ。

自分の資産、大志、市場環境を理解するうえで助けになるのは人である。頼れる「つて」になりそうな相手や仲間を選んだり、紹介してもらったりするうえでも、助けになるのは人。チャンスに伴うリスクの把握を助けてくれるのも人。仕事上の課題をさばくのに役立つ情報を集める秘訣は、人とのつながりの力を活かすことである。

他人の頭脳を拝借しよう。つまり、情報網を活かすのだ。

本、雑誌や新聞の記事、検索エンジンからは優れた情報が豊富に得られるだろう。それでもやはり、カギとなる知恵の源泉は、人であることが多く、ときには人からしか知り得ない場合もある。

特定の隙間市場《ニッチ》に参入する際にどんなスキルが必要になるかは、本を読んでもわからない。仕事を求めて地球の裏側に移り住むリスクを推し量るには、雑誌では役に立たない。検索エンジンは、セレンディピティとの出会いがどこにひそんでいるかを紹介してはくれない。

だが、あなたの周りの人たちにはそれができる。

友人がいるなら、知恵にあふれた人とのつながりがある。

だが21世紀に入るまで、その知恵を引き出すには、名刺の整理、郵送による手紙の送付、会合の設定など、時間のかかる作業が求められた。人脈づくりはいつも職探しと関連づけられていた。なぜなら、人脈づくりにはあまりに時間や労力がかかるから、職探しのように本当に大切な目的のためにしか行わなかったのだ。

ところがいまでは、知り合いの頭の中を飛び交う情報を手軽に引き出すことができる。私たちのほとんどは、何年もかけて培った1次、2次、3次のコンタクトにあっという間にメッセージを送ることができる。

みんなが密につながっているから、手間や時間をほとんどかけずにつながりの力を借りられる。望ましい働き口を探すように仕事上で大きな挑戦をするときだけでなく、日々の幅広いテーマについて知りたいときも、知り合いの情報網に頼るのが理にかなっている。

第5章までで紹介した人々のほぼ全員が、人生《キャリア》を歩む中でたびたび人とのつながりを頼った。シェリル・サンドバーグが世界銀行に勤務していた当時、上司のローレンス・サマーズは彼女に、「1917年にロシアで緊急援助を行ったら、どういった効果が生まれていたか調べてほしい」と依頼したという。

サマーズは『ニューヨーカー』誌のコラムニスト、ケン・オーレッタにこう語っている。「たいていの人は図書館に行き、ロシア史の本を何冊かざっと読み、『そんなことが可能だったのかどうかわかりません』と答えたでしょう。ですがサンドバーグはリチャード・パイプスに電話をかけたのです」

パイプスはロシア革命を専門とするハーバード大学の教授である。「彼女はパイプスから1時間ほど話を聞き、詳しいメモをとりました」

このメモが翌日サマーズを感嘆させたのである。[2]

人とのつながりは知恵の源泉としてかけがえのないものである。

理由の1つ目は、知り合いがあなたに個人的に洩らす意見や感想は、公の媒体には決して載らないからだ。『ウォールストリート・ジャーナル』にも、会社のニュースレターやポッドキャストにも登場しないだろう。上司の一風変わった好みについて耳打ちしてくれるのは、同僚だけだろう。公表前の求人情報をこっそり教えてくれるのは、その会社で働く友人だけだろう。

2つ目に、相手や状況に応じたアドバイスができるのは、人だけである。検索エンジンにそんなことはできない。友人や家族、仲間、知り合いはあなたの興味関心を心得ていて、それに合いそうな情報やアドバイスをくれる。

たとえば、あなたが大幅な収入減につながる転職の損得を見極めようとしている場合、親しい人ならあなたがいまより質素な生活に耐えられそうか判断できるだろう。

シェリル・サンドバーグは財務省を去るとき、次の進路をグーグル検索によって見つけようとはしなかった。代わりに、仲間であるグーグルのCEO（最高経営責任者）だったエリック・シュミットに相談して、彼の知恵を借りたのだ。

3つ目に、知人や友人は、あなたが色々なところから集めた情報をふるいにかけてくれる。どの本を読むべきか、記事のどの部分が大切で信用できるか、ニュースではどの情報源を信頼すべきか（信頼してはいけないか）を教えてくれるのだ。

行動につながる適切な知恵だけにあなたの注意を向けさせてくれる。情報過多の時代には、「フィルターにかける力」はとてつもなくありがたいことである。

誰かと話をしているときのほうがよい考えをひらめいたり、よい判断ができたりするという人も少なくない。人とのつながりがもたらす力を思い起こしてほしい。人の助けを借りると1人ひとりの力がグンと増すのである。

これは1つには、アンテナの高い物知りな人々のあいだを情報が行き来するうちに、メッセージが強まっていくからだ。2人以上の、物事によく精通した頭脳が連携すると、呼吸がぴたりと合う。

「リテラシー」という言葉は何世紀も前から、読み書き能力という意味に用いられていた。本や冊子、新聞記事を読んだり書いたりすることができれば、その人は社会で大きな権力を持った。

やがてインターネットが誕生すると、日ごとに生まれる情報の量が、凄まじい急増ぶりを見せた。権力は、読み書き能力だけでなく、ネット上の膨大な情報から最適なものを探し出す能力を持つ人の手に移った。『ザ・サーチ』（日経BP社）の著者ジョン・バッテルはこれを、「検索リテラシー」と呼んでいる。最適な検索ワードを入力し、膨大な検索結果をかき分け、最も必要とされる望ましい情報へのリンクをたどっていく能力のことだ。

最近では検索リテラシーでさえも十分ではない。もちろん、非常に大切ではあるが、不十分なのだ。情報網リテラシーはさらに大きな強みをもたらす。情報網リテラシーとは、ソーシャルネットワーク上とその外の世界の両方に広がっている、人と人とのつながりの中を漂う情報を概念としてまとめ、吟味し、活用するためのポイントを心得ていることを意味する。

つながりから知恵を引き出す方法

２０１１年に日本を地震と津波が襲ったその日、ハワイのホノルルにあるＮＯＡＡ（国立海洋大気庁）の津波早期警報センターは騒然となった。

このセンターは、太平洋、大西洋、メキシコ湾の深海に設置した基地にある39のセンサーをつないだシステムを運用していた。各センサーは、予測値よりも水位が高い状態が15秒以上続いたことを検知すると、きわめて短い間隔で衛星へ情報を送り始める。

情報は、専門的な訓練を受けた科学者の下へ転送される。地上の科学者たちは、この情報を使って津波が発生したかどうかを確かめ、さらには規模や進路を見極める。こうして、津波の被害を受けそうな地域に警報を出すのである。

2011年3月の悲劇のまさにその瞬間、太平洋に散在するNOAAの各基地のセンサーが続々とデータを送信し始めた。

データを受信したホノルルの津波早期警報センターでは、科学者たちが情報分析に取りかかり、津波の注意報や警報を何度も出した。予測どおり、地震発生から数時間後には、いつもなら海水浴客であふれかえったホノルルのワイキキビーチに大波が押し寄せた。

しかし、NOAAの早期警報を受けて避難指示が出されていたため、津波が到達したときにはあたりの人々はすべて避難していた。[3]

NOAA津波早期警報システムがこんなにも高度なレベルで有効なのは、何十もの基地からの測定データを解読しているからだ。

太平洋のただ中にわずか数個のセンサーが浮いているだけだったら、津波の進路はどうか、勢いや速度を増しているかどうか、といった判定はできないだろう。だが、多数の海域に設置されたセンサーからデータが届くから、多角度からの情報を比べたりまとめたりすることが可能になり、津波が海岸に到達しそうな時刻など、何種類もの予測を引き出すことができる。

あなたの人とのつながりの中で、情報はこれと似たかたちで伝達、収集される。仕事上のパートナー、同僚、仲間、ゆるやかに結びついた知人、フォロワー、そして顔を合わせることがある3次の隔たりの人々はそれぞれ別個のセンサーのような役割を果たし、異なる情報を伝達してくれる。

1人ひとりが持つ知識の幅は決して広くない。しかし、彼らは異なる企業で働き、異なる興味関心を持ち、異なる都市で暮らしている。センサーが1つだけだと津波の進路を十分に探れないのと同じく、1人の意見やアドバイスやヒントだけでは仕事の進路を決めるには不十分だ。しかし、ハワイで津波を観測する科学者と同じように、多方面からの情報をまとめて比較すれば、さまざまな視点が1つに溶け合い、行動に直結するような豊かな知恵を生み出せる。

1つ例を挙げよう。2009年12月、アイリス・ウォン（仮名）が勤務する出版社では、創業来で最大級の組織改編が行われた。6つの事業部は統廃合されて4つに減った。解雇者は全社で数十人にとどまり、ウォン自身は会社に残ることができたが、もちろん不安が残った。

「組織改編は、これから訪れる最悪の事態の予兆なのかしら」

これは徐々に大きくなる津波の始まりにすぎないのだろうか？　近い将来にも、はたして若手編集者の仕事はあるだろうか？　ウォンは悩み始めた。

いまのうちに転職すべきだろうか？　それとも、一生懸命に仕事をして、嵐が通り過ぎるのを待つべきだろうか？　答えは出なかった。

ウォンは同僚たちに相談をしてみた。ところが、彼らもやはり最近の出来事に慌てふためき、口々にこの世の終わりのような悲惨な見通しを語る。ウォンは同僚たちも自分と同じくらいよくわかっていないのではないかと思った。

仕事で飛躍につながる判断をするには、自分の会社だけでなく、この業界全体をとりまく情報が錯綜する状況から逃げ出すべきだ。

今度は、レコード会社で高い役職に就く友人に相談を持ちかけた。レコード業界は、出版業界と同じような苦境に直面しているはずだった。

その友人によれば、ウォンが先頃経験したような大がかりな組織改編は、さらなる統廃合や解雇の伏線であることが多いから、気をつけたほうがよいという。ビジネスモデルを変えないかぎり、解雇のような当面のコスト削減を行ったとしても、結局のところ根本的な問題は解決しないのだ——。

次にウォンは父親に電話をかけた。金融機関で数十年働いていた父親は、合併・買収や解雇を何度も目の当たりにしたから、そうした兆しには敏感だった。娘が身の回りをよく観察し、気を配れる人間だと知っていた彼は、助言として、いくつかの点に注意を払うように言った。役員たちが部屋に閉じこもって出てこないことが多くはないか。大切な会議が延期や中止にならないか。親会社からの来訪者がいるか……。父親の言うとおり、ウォンの勤務先ではすぐにこうした傾向が目立ち始めた。

「『明日から会社に来なくてよい』と言われるのではないかと、おびえながら仕事をするのはいたたまれない」そう思ったウォンは、自分のプランBについて考えた。

知り合いのライター、編集者、そして出版業界からよそへ移った人々にメールを出した。これまでの自分の仕事に関連しそうなキャリアパスに心当たりがないか、質問したのである。

すると、かつての同僚から興味を引かれる返信があった。出版業界で培ったスキルを活かして、文芸系PR会社の広報やソーシャルメディア・マーケティングをやってみてはどうかというのだ。「偶然にも、紹介できそうな知り合いがいる」と言われて紹介を受け、数週間後に小さな会社がウォンのためにポストを用意してくれた。

元の勤務先である出版社は、数ヶ月後にまたも大きな痛みを伴う人員解雇を行い、ウォンの同輩も大勢が会社を追われた。

ウォンの動きが正しかったのは明らかだろう。


もしウォンが自分の人脈を活かして助言やつてを求めなかったなら、だらだらと古巣に残り続けただろう。津波のような災難にみまわれていた可能性が高い。

だが彼女は、激変にみまわれそうになったときに、それを逆手にとって業界の別の分野へと進路を変えた。早い段階で自分から進んでチャンスを模索したおかげで、危険に先んじることができたのだ。

この場合、ウォンとつながっていた人々はNOAA津波早期警報システムに相当する。未曽有の災害から、彼女を救ったのだ。

情報網が役に立つのは、自分が困ったときばかりではない。私たちは、順風と逆風どちらのときも情報網を必要とする。

スタートアップの精神を持つ人は成功にあぐらをかくことなく、常に上を目指す。仕事上のチャンスから市場トレンドや社内の勢力図の変化まで、あらゆるテーマについていくつものルートから情報が入ってくるように、日頃から人とのつながりを大切にしておくべきなのだ。では、その時々で自分が必要とする知恵を誰が持っているかを探り、それを最もうまく引き出すには、どうすればよいだろうか？

その道の専門家、自分をよく知る人、幅広い専門家

まず、手始めとしてつながりのある人の中からキャリアをめぐる決断の役に立つ人々を選び出してみよう。そのあと、それらの人々を以下の3つのカテゴリーに分けるとよい（同じ人が複数のカテゴリーに属する場合もある）。

1　その道の専門家。彼らは、個別のテーマとその周辺について、隅から隅までよく知るそ

の道のプロである。たとえば給料交渉について知りたいことがあるなら、雇用主としての経験が豊富な友人に聞いてみよう。

2　自分をよく知る人。母親や幼なじみなどの、あなたのことをよく知る人たち。こうした人々は業界の最新動向には詳しくないかもしれないが、あなたの優先事項、性格、生い立ちやこれまでの人生についてよくわかっているはずだ。混乱や戸惑いから抜け出すうえで力になってくれるだけでなく、ときには、決断から生じるさまざまな結果をあなたがどう受け止めるかを、直感的に見抜くことさえできるだろう。

3　幅広い専門家。とにかく切れ者の人たち。何かの専門家でもなければ、あなたを深く理解しているわけでもないかもしれない。しかし、その研ぎ澄まされた分析力やカテゴリーにとらわれない知識が役に立つ場合もあるだろう。少なくとも、切れ者の第三者からは、他のどんな意見ともまったく異なる言葉が聞ける可能性がある。

キャリアをめぐる決断をするために人脈を活かして情報を得たいときは、まずはその分野の専門家、次にごく近しい人に相談するとよい。

アイリス・ウォンは、自分と同じような業界で長年の経験を持つ友人に相談した後で初めて、父親に意見を求めた。その後まだ決断までに余裕があるときは、客観的な立場の切れ者を頼ろう。

たとえばあなたがホスピタリティ関連の仕事をしたいなら、幅広い選択肢を見つけ出すために、すでにその業界で成果を出している何人かの関係者に連絡をしてみよう（相手があなたをよく知っているかどうかは問わない）。そのとき、業界専門家を紹介してもらうために、知り合いのつてをたどる必要が生まれるかもしれない（これについては第3章を読み返してほしい）。そのうえで親しい仲間と話し合い、選択肢を優先順位づけしてどれが自分にいちばん合うかを判断する助けをしてもらおう。

幅と深みのあるつながりを持っていれば、これらのタイプの相談相手がいるはずだ。幅広いつながりには、業界、地域、世代、経験などが異なる人々が含まれている。

これだけの多様性があれば、（2次、3次の隔たりも含めると）数多くの分野の専門家がいるはずだ。

実は誰もが知っている秘訣——気の利いた質問をしよう

シャーリーン・ベグリーは20年以上もGE（ゼネラル・エレクトリック）に勤務し、本社の上級幹部の地位に着くまでに監査、航空機エンジンの設計、家電製品、機関車といった部門を渡り歩きながら、昇進の階段を上ってきた。

普通では考えられないほど多種多様な分野で実績を上げてきた秘訣を問われて、ベグリーはこう答えている。「あらゆる環境において、できるだけ速く、できるだけ多くを学ばなくてはなりません。そしてすぐに成果を出す必要があります。……秘訣というほどのものはないですよ。とにかくたくさんの問いを周りに投げかけることでしょう」[4]

いつでもどこでも使えるような気の利いた質問をたくさん持っていると、とても便利だ。経済学者のタイラー・コーエンは、ベン・カスノーカに会うたびに「ここ数ヶ月に知ったことで、何がいちばんおもしろかった？」と問いかけている。

万能かつ便利な質問としては、次のようなものが考えられる。

「夜更かしの原因って何?」

「最近、おもしろい本読んだ?」

「やめなくちゃと思っている悪い習慣ってある?」

「あなたの業界で、部外者にはわからないようなトレンドは何?」

「最近、何か気が変わったりした?」

「ツイッターでフォローしているアカウントで、最近おもしろいのある?」

「あなたの周りでは、どんな話題で議論が盛り上がってる?」


しかし、特定のことについての知恵を集めようと思って質問するのなら、誰にでも聞けそうな質問では不十分だ。その代わりに、適切で有益な答えを引き出す質問を投げかけよう。

以下にヒントを示す。

● 一方的に質問するのではなく意見を交わそう。活発なやりとりこそが何より有益な知恵を生む。自分のメンターや明らかに目上の相手に対しては、質問ばかりを投げかけてもかまわないし、先方でもそれを期待しているかもしれない。ただし、仲間や同輩と話をする際には、実り多い会話にするために自分の意見を述べることだ。こちらから知恵や情報を提供すれば、相手が「話していておもしろい」と思ってくれる。だから、「有益な情報がたくさん欲しい」と思っても、インタビュアーのようにひたすら質問するだけではまずい。対等で精力的な、本当の意味での情報交換をしよう。そうすれば、長い目で見たときにより豊かな情報をやりとりできるだろう。

● 「広い質問」と「狭い質問」を使い分ける。

目的に合わせて質問の仕方を変えよう。判断の基準を見つけたいなら「広い質問」を、どの選択肢をどれだけ重視すべきかを知りたいなら「狭い質問」をするべきだ。

建築家に「建築に関心がある人にとって、大学院に進むのはどれくらい大切なことでしょうか」と聞くのと、「コーネル大学院の建築学科はどれくらい評価されているのでしょうか」と聞く場合を考えてみよう。的を絞った質問をすれば、たいていは事実に基づく、知りたい点だけに絞られた具体的な答えが返ってくる。「コーネル大学院は建築分野でトップ10に入る」というように。

たとえば、まずはその分野の専門家に「かくかくしかじかの機会のメリットとデメリットを見極めるには、何について考えるべきでしょうか」と「広い質問」をしてみよう。判断基準を絞り込んだら、次に、親しい人を含む少数の相手に「狭い質問」をして具体的な情報を求めるとよい。

● 質問の立て方や意図の伝え方を工夫する。質問の立て方や意図の伝え方によって答えが変わってくることは、無数の調査からもわかっている。このため、最高の知恵を引き出すには、同じことについていくつか違った聞き方をするとよい。

まず「私は○○社に入社しようとしているのですが、あなたがこの会社に勤務していたときに上げた会心の成果の上位3つを教えてもらえますか」と質問し、次に同じ人に「あの会社に勤務中にうまくできなかったと思うこと3つを挙げてもらえますか」と水を向けよう。

「しなかったこと」「しておけばよかったこと」という否定形を使った質問をすると、いっそう役に立つ答えを引き出せるだろう。相手をうまく誘導するには、こちらがどういった答えを期待しているかを、いくつかの具体例をとおして伝えるのも一案だろう。

「建築の大学院に入るメリットとデメリットは何でしょう。たとえば、建築家の知り合いを増やせるとか」というように。求める粒度の答えの例を示すと、期待どおり具体的な返事を引き出せるだろう。

●聞きっ放しではなく掘り下げよう。一度の質問で相手からとっておきの知恵を引き出せる例は少ない。聞きっ放しではなく、相手が含みを持たせた点を掘り下げよう。

仮に誰かが「レイセオンに勤めるのは危ない」と言ったら、「『危ない』とはどういう意味でしょう」と尋ねる。「雇用があまり保障されていないんだ」という言葉が返ってきたら、「あまり」という表現の意図を確かめよう。より深い答えが見えてくるまで掘り下げるとよい。

なかには、「何も知らないと思われるのではないか」という理由から、いくつも質問を重ねるのをためらう人もいるが、そんな心配は無用だ。むしろ、「貴重な情報をとことん追い求める、知的好奇心の強い人だ」という印象を持たれるだろう。

なお、覚えておいてほしいことがある。的を絞った詳しい質問ができるなら、すでに考えはかなりまとまっていて、おそらくあと少しで答えにたどり着けるはずなのだ。

一方、複雑で解決しにくい、大きな心配ごとや決断については、具体的な質問を考えるのが難しい場合もある。「この仕事は何かが違うように感じるけれど、実際どうなのだろう……」というように、たとえ悩みの中身を的確に言葉にできない場合でも、人は貴重な知恵袋の役割を果たしてくれる。

ただし、そのためのプロセスは通常より込み入ったものになる。漠然とした心配ごとについては、辛抱強くあなたの思いに耳を傾けてくれるであろう、特に親しい仲間1人に相談してみよう。

■情報を得るために情報をわかちあう

気をつけたいのは、ただひたすら質問攻めにしてしまうことだ。

互いに助け合う関係を築いていきたいのなら、自分からも他の人たちにとって有益な情報やアドバイスを提供すべきだ。

オンラインで簡単に見つけられたり、すでに報道されていたりするものではなく（それではたいしてありがたくもない）、だからといってまだ公にすべきではないものや極秘のものでもない（誰も秘密を漏らすやつ、信用できないやつだと思われたくはないだろう）、ささやかな情報のプレゼントはないだろうか。周知の事実ではないが、自分がいる業界で実際に見聞きした裏情報は、きっと相手にとって価値があるはずだ。

■直感の声を聞こう

情報網の本質は、自分が知らないことについて知っている人からその考えを学ぶことだが、一方で「自分が何を知っているか」を告げる直感にも耳を傾けてほしい。

何十年にもわたる意思決定についての科学的なリサーチの結果、さまざまな状況において、直感はかなり信用性が高いことが証明されている。一刻を争う状況――起業家の日常にはよくある状況だが――において迅速に判断するためには、自分の直感への信頼が明暗を分ける。

もし自分とつながっている人々に助言を求める時間があるのなら、自分の直感も確認するといい。まず、もうわかっていることについて自分が実際はどう感じているのかを認識する。次に、助言を求めた後に、周りの人たちから得た情報をまとめてみて自分の直感の声が変わったかどうかを確認してみる。

ウォンが人とのつながりを活用して転職を検討し始めたのは、職場の組織改編が彼女の仕事に直接大きく影響したからではない。組織改編が彼女の第六感に語りかけたからだ——出口を探したほうがいいぞ、と。

ウォンが周囲の人々から与えられた情報や意見によってキャリアを変えたように、あなたの判断も周囲の人々によって変わりうることを理解したうえで、意識的に、自分の直感は本当はどうしたいと思っているのか探ってみることだ。

自分の直感を確かめる理由は、「世間でよしとされている」思い込みに従っていないか見直すことができるからだ。自分に都合の良い情報ばかりを集めてしまう、確証バイアスの罠に陥っていないか確認しよう。自分がこうだと思っていることになんでも賛成してくれる人ばかりを捜してしまったりしないように。常識だと思ってきたことをできるかぎり疑ってみたほうがいいだろう。

自分自身に訊いてみよう。「私の直感を変えるとしたら、それはどんなデータなんだろう?」その後、そんなデータが存在するのか探してみればいい。

あなたの直感はおそらく裏付けられるだろうが、なぜそうなったのか、次はどうなるのかを、よりよく知ることができる。その過程で、ウォンと同じようなチャンスが降って湧くかもしれない。

ウォンは正確には仕事探しをしていたわけではなかったが、自分がよく知る人たちから知識を得たことにより結果的に新しい仕事を得ることができたのだ。

▪人のことは人に聞く：リファレンスチェックをしよう

誰と一緒に仕事をするかというのは、キャリアにおいて最も重要な決断だ。

シリコンバレーでのこの20年以上のあいだ、私はそれはたくさんの人々と働いてきた。その多くは私自身が雇った人々だ。

私はとても恵まれていて、ともに働いてきた人々のほとんどが本当に素晴らしい人々だった。プロフェッショナルとして優れているだけでなく、人間としても素晴らしいのだ。

起業家にとって、優秀な人材を雇用することは何よりも大切だ。創業間もない段階では特に。スタートアップの仲間がよく口にするのは、企業規模が大きくなるにつれて、最初に雇った10人と同じような人材がどんどん集まって来るということだ。だから、最初の採用は賢く成し遂げるべきだ。

同じような原則が、どんな業界のどんなキャリアにも当てはまるだろう。一緒に働く人々というのは、部下であれ、同僚であれ、上司であれ、あなたのキャリアを形づくるものだし、それは時とともにさらに顕著になっていく。

あなたは、資金を調達してこれから自分のチームを大きくしようと闘志に満ちた創業者のように、一緒に働く人々について見極めなくてはいけない。

しかし、誰かとうまくやっていけるかなんて、どうやったら事前にわかるというのだろう？たとえば、互いのコミュニケーション・スタイルが似通っているか、その候補者は競争心が強いタイプか、協力的なタイプか、信頼できそうか、気まぐれそうか。

こうした、その後の成功に大きく関わってくることを知るには、将来の同僚、ボス、部下かパートナーになるだろう人物との面接が不可欠だが、それだけでは不十分でもある。

仕事（もしくは他の何であれ）を求めている人というのは概ね、自分を演出することに過剰なまでに気を遣っているものだ。無理もないことだが、最高の自分を前面に押し出そうという気持ちが出すぎてしまう。

実際のところ、面接はその人の全体像を完全に把握するためのものではない。特定の資質を垣間見ることができればいい。全体像をつかむには、もっと事実や情報が必要だ。

これからプロフェッショナル同士として関係を築こうとするとき――弁護士や会計士を雇ったり、共同創業者候補と手を組んだり、新しい上司の下での仕事を引き受けたり――は、私たちが「洞察力のささやき」と呼ぶ、現場からの知恵が必要になる。つまり、その人物と実際に働いたことのある誰かによる評価を知るのだ。

解決方法はとてもシンプルだ。身元照会をすること。いかにして自分のつながりを活用して、候補者たちについての情報を引き出すかは、人材を採用する者として磨くべき最も重要なスキルと言える。

相手について調べるときは、正攻法でも裏技でもどちらでも使えばいい。候補者が自分で照会先として挙げた人物でも、あなたが見つけ出した人物でもかまわない。

そういったことを頭に入れたうえで、私だったら、その人物にメールして候補者がいかに優秀かを1から10までで評価してくれるよう頼み、返事は電話でもかまわないと付け加えておく。

電話がかかってきたら、状況はやや複雑で、ネガティブな評価である可能性が高い。

メールで返事が来たら、評価が高く、7から10のあいだであることがほとんどだ。もし8か9だったら、私はそれ以上の詳細は追求しない。その候補者は、よくできるが完璧というわけではもちろんない（完璧な人間などいるはずがないだろう?）という正直な査定結果だと思うからだ。

しかし、7か10だったら、もう少し細かいところを把握したい。満点の場合、この候補者のどんなところがそんなに優れているのだろう? 候補者の長所をさらに深く知るか、評価者の偏見が露呈するかのどちらかだろう。

他方、7だった場合、候補者の短所が見つかって、やはり採用は見送ろうということになるかもしれない。もしくは、理由は候補者自身にはないとわかるかもしれない。候補者が、到底無理な仕事を割り当てられた可能性もある。絶対に向いていない役目を押しつけられたことが低めの評価につながった可能性もあるだろう。たとえば、内向的なソフトウェア・エンジニアに、ソフトウェアを開発する代わりに、売り込みの営業に行ってこいというように。

身元照会に役立つ具体的な方法は他にもある。

精神科医で作家のピエール・モーネルは、相手が電話を取れなそうな時間を狙って電話し、候補者が特に優秀な場合だけかけなおしてくれとメッセージを残すという（メールで同じことをしてもいいかもしれない）。

この方法だと、将来候補者と一緒に働くことになったときにネガティブな評価をしたことを知られたくないといった懸念や法的な責任が生じることへの不安から、正直にフィードバックすることをためらってしまう問題を避けることができる。

加えて、照会先がわざわざ電話をかけなおしてくれたとしたら、候補者のことを本気で熱心に推薦していることもわかる。

どの推薦の言葉に価値があるか見極める手順は自分自身で確立していけばいい。

イースト・ロック・キャピタルの共同創業者であるグレアム・ダンカンは、照会先がどれだけよくその候補者を知っているかが重要だと言う。その人物をよく知れば知るほど、情報の信頼性が増すからだ。

さらに、あなた自身がその情報を提供してくれる人物についてどれだけよく知っているかも考えてみるようにとも言っている。身元照会は「自分と情報提供者が強い信頼で結ばれている場合、価値が十倍になる」とダンカンは書いている。[5]

これもやはり、あなたの情報網は仕事上の資産であり、さまざまな要素が組み合わされ大きくなっていくことを示す1つの例だ。

人とのつながりが強まるほど、身元照会の際に精度の高い、誠実な意見を手に入れることが容易になる。それがいままでよりも速くあなたのつながりを増やし、新しい人たちと手を組むことにつながっていく。その結果、これから出会う人々についての情報を、もっと効果的に集められるようになる。

最後にもう1つ、あなたが雇われる側なら、次のチャンスを探す際に知っておきたい身元照会の方法を紹介したい。キャリアの浅い人には特に見過ごされることが多い方法だ。

「人は会社に就職し、経営者から去る」と言われる。

つまり、人はその会社の理念に共感して入社する。しかし、その経営者や管理職に不満を持って去っていくのだ。

仕事上の新しいチャンスについて熟考中なら、オファーを受ける前に、その人の下で働くことになるであろう経営者や管理職の身元照会が欠かせない。

高い地位にある職に応募するところなら、上司になる予定の人に直接問い合わせてもいい。メンバーの立場であれば、上司になる人に探りを入れるのは出すぎた真似と思われるかもしれないので、その会社で働いたことのある知り合いを探して尋ねるといい。できればその管理職と実際に働いた人が望ましい。そして、本当はどんな人物なのか、情報を集めるのだ。

この章で伝えたい重要なことは、「どんな情報でも、誰から得たのかによってその価値は大きく変わる」ということだ。そのやりとりは公にしていいものなのか個人的なものなのか、正攻法か裏口か、思い込みがあるかそうでないのか。

一緒に働くパートナーを選ぶとしたら、ただ情報を集めるだけでは足りない。情報源が信頼できるかをうまく判断し、相手が身をもって得た知識について検討し、これらすべてのさまざまなデータを総合的に踏まえて判断をしなくてはならない。

これらのことを実行に移し続けることができれば、あなたのキャリアをさらに力強いものにする武器となるだろう。

行動につなげるための情報のまとめ方

キャサリン・マクスウェルはファイナンスや国際投資銀行業務を10年経験したあと、単調な仕事から逃れたいと考えた。

金融業界には、1つの案件を終えるそばから次々と案件を探すのが当然だとする風潮があった。マクスウェルにしてみれば、それらの取引が世の中をよくするのに役立っているのかどうか疑問だった。もっと有意義な仕事をしたかった。

目的ある仕事をしたいという思いは特別なものではないが、それを収入に結びつけようとするのはハードルが高い。友人たちからは、ビジネスの世界での経験を非営利分野に活かしてはどうかと言われた。本人も興味を引かれたが、金融の世界を離れてフルタイムで働いた経験がなく、人とのつながりも乏しい分野に飛び込むのは、無謀なように感じられた。

このような場合、あれこれと考え込んでしまう人が少なくない。こうした岐路にさしかかると、賢い人々はともすれば分析に溺れ、どうしたらよいかわからなくなる。だがマクスウェルはさらに賢かったので、「この問題は1人では解決できない」と自覚していた。

そこでさっそく、投資銀行業務をとおして知り合った弁護士ヘイル・ボッグスに電話をした。ボッグスはマクスウェルをよく理解している。ビジョナリーである一方、根は慎重なタイプだとわかっていたのだ。

そこで、まずは既存の非営利組織で働いていくらか経験を積み、それから望みどおりの成果を上げられるような組織をつくればよいと助言した。

マクスウェルはこの助言に従い、赤十字のような定評ある団体での職を探し始めた。

これと並行してボッグスは、友人でベンチャー・キャピタリストのティム・ドレーパーをマクスウェルに紹介した。「ドレーパーなら、地元の非営利組織での働き口に心当たりがあるだろう」と考えたのである。予想どおり、ドレーパーは素晴らしい働き口を知っていた。しかも、自身の組織である。

この数年前にドレーパーは、湾岸地域《ベイエリア》にあるベンチャー・キャピタルと同じ建物の1階に、ビズワールドという小さな組織を設けていた。設立趣旨は、世界中の小学生に起業についての授業への関心を広めること。これは力強いビジョンだが、本人は忙しすぎて時間がなかった。

そこでマクスウェルに、ビズワールドの執行取締役に就任してくれないかと訊いた。マクスウェルは設立趣旨に強く心を動かされた。ビジネス、個人向け融資、起業。これらはみな彼女の情熱を掻き立てた。

そのうえ、既存の小さな組織を率いるのであれば、自分で組織を興そうとしたときに思い描いていたのと同じ責務を担いながら、実務を学ぶことができる。それも、その組織で情熱を持って働いてきた、賢い人たちから。

ただし、不安の種が1つあった。たった1人の創業者兼出資者であるドレーパーとうまくやっていけるかどうかだ。


マクスウェルはさっそく自分のつながりを活かし、ドレーパーについてできるかぎりのことを調べた。シリコンバレーの起業家、ベンチャー・キャピタルの関係者、弁護士や会計士など、ドレーパーと同じ分野の専門家たちにメールで問い合わせをした。

ドレーパーをよく知る人、よくは知らない人、両方に意見を求めた。ドレーパーに好意的な意見を述べそうな人だけでなく、「きっと批判的だろう」と思われる人にも質問を投げかけた。

マクスウェルは、情報網から知恵を引き出すプロセスについてこう語ってくれた。

「ネット上には当時、ドレーパーについての情報はあまりなかったわ。新聞や雑誌の記事も、私が求めていたような人となりに踏み込んだ内容ではなかった。だから、電話やメールで大勢の人に同じ質問をしたの」

情報網から得た感触をもとに、マクスウェルはドレーパーにも、そしてビズワールドでの職にも好印象を抱いた。

こうして2003年3月にビズワールドにディレクターとして参画した。新天地では事業をうまく再起動させ、ミッションを明確にし、講座とスタッフを増やした。

ベン・カスノーカがのちにメンバーに名を連ねる諮問委員会も立ち上げた。10年が経過したいまも、彼女はビズワールドの仕事を満喫し、事業パートナーのドレーパーおよび職場の他のメンバーとも強い絆を保っている。

投資銀行にいたときよりも、「仕事をとおして世の中を変えている」という実感を得られているようだ。

・・・

すでに述べたように、NOAA（国立海洋大気庁）の科学者たちが津波の予測を行うには、海洋内にある1つのセンサーからの情報だけでは足りない。

きちんとした判断を下すには、(1)大西洋や太平洋に散在する多数のセンサーから測定結果を収集し、(2)届いた情報をそれぞれ分析し、(3)いくつもの情報源からのデータをまとめて全体像をつかむ必要がある。

これまでのところは第1ステップ、つまりつながっている多数の人から情報を得る作業について説明してきた。

情報が集まったら、次のステップではそれぞれの情報の妥当性や有用性を分析する。両親や親友を含めて(いや、むしろ両親や親友だからこそ)、誰にでも偏りがあることを覚えておいてほしい。

べつにあなたを都合よく操ろうとしているのではない。個人的な体験や自分の利益、心配の種をめぐっては、どうしても見方が偏ってしまうものなのだ。偏りや先入観ははっきりそうとわかる場合とそうでない場合、意識的な場合とそうでない場合がある。

新規採用者を紹介して会社からボーナスをもらおうと考える友人は、自分の勤務先に応募するよう熱心に勧めてくるだろう。こうした偏りは見えやすく、どちらかというと害も少ない。

しかし、自分と同じようなキャリア選択を強く勧めてくる人がいると、この偏りは当人にもあなたにもわかりにくく、そのせいでやや危ういといえる。

色々な人から情報やアドバイスをもらう際には、相手の目標、野心、経験がどのようにその人のものの見方に影響しているかを考えよう。偏りや先入観があるからといって、情報やアドバイスをいっさい無視する理由にはならない。分析の際に考慮しさえすればそれでよい（前出のアイリス・ウォンは同僚からのアドバイスについて、理にかなった悲観的批判なのか、それとも心配しすぎなのかを考えた）。

すべての情報やアドバイスをまとめるというのは、行動に直結する知恵を人から得るための大切な仕上げのステップである。

一歩下がって自分が学んできたことの全体像を見ないと、それを意味あるものにはできない。そのプロセスがなければ、パーティー会場で会話をいくつも聞きかじって終わるのと同じことになってしまう。

情報やアドバイスを全体としてまとめるには、相反するアドバイスや情報をすり合わせ（多様な人々に頼るならこの手順は欠かせない）、まったく的外れだと思う情報を無視し、各人からの情報に適切な異なる重みづけをするといった作業が伴う。

これは知的判断を要する複雑なプロセスである。さしあたっては、情報をうまくまとめれば、1つひとつの総和をはるかに上回る価値が得られる。

キャサリン・マクスウェルが非営利組織で働くために金融業界を離れたとき、赤十字のような伝統ある組織で経験を積むという、信頼する友人からのアドバイスどおりにはしなかった。マクスウェルがアドバイスを無視したわけではない。ただ単に、別の機会と比較して検討したのだ。これが総合的に考えるということである。


1つ付け加えておきたい。

どんなにたくさんの知恵を集めても、じっくり総合的に考える時間がないこともある。上司に呼び出され、明日の全社会議でプレゼンしてみないかと聞かれるかもしれない。1ヶ月にわたるアジアでの特別なプロジェクトへの参加を打診されるかもしれない。

だが、返事をするまで2日しかなかったら、どうやったところで、周りから知恵を集めている時間はない。そんなときは、直感に頼りすばやく決断することに慣れるしかない。

もちろん、簡単なことではない。しかし、だからこそ日頃から磨いておくべきスキルだ。

重大な決断をしなくてはいけないときだけでなく、日頃から自分と周りのつながりを活かして知恵を集めていれば、自分の直感を信じて迅速に、かつ正しく決断できる。それだけの知識を、あなたはもうすでに持っているかもしれない。

・・・

アン・ラモットはその素晴らしい著作『1つずつ、1つずつ――書くことで人は癒される』（パンローリング社）において、作家E・L・ドクトロウの言葉を引用してこのように語っている。

「小説を書くことは、夜、車を運転するのに似ている。ヘッドライトが照らしている部分だけが見える。出発してから目的地につくまで、そうやってヘッドライトが照らす場所だけ見ながら運転していく」

さらにラモットは彼女自身の言葉で付け加える。

「自分がどこに向かっているかは見えなくてもいい。目的地も通り過ぎていく景色も、全部を見る必要などない。目の前の1メートルくらいが見えるだけでいい」[6]

この現代社会で優れたキャリアを追求するのも、同じようなことではないだろうか。

私たちはみな、目の前の1メートルしか見えない車に乗っている。前へ進むために知りたいことは決まっている。どんな線を描く道なのか、どんな危機が予測されるか、次のガソリンスタンドまであとどれくらいか。

これらの唯一の情報源は、道端で声をかけた相手や、自分で選んだ同乗者たちだ。助手席に乗っている仲間がいれば、目的地がどこであってもたどり着くことができる。暗闇や霧の中に迷い込むこともあるだろう。曲がりくねった道や、でこぼこした道に出くわすかもしれない。

だがそこにいい仲間さえいれば、よい旅になることは間違いない。

自分に投資しよう

明日すること――

☑ あなたの業界の中で、違ったものの見方をする人を3人選び、彼らのニュースレターに登録しよう。そうすることで、少なくとも最新の知恵が3種類、常に手に入ることになる。

☑ 一緒に仕事をするかもしれない相手について、身元を照会するのに理想的な方法について調べてみよう。情報を集めることにかけては世界レベルになるつもりでやってみよう。

来週すること―

☑ さまざまなトピックについて信頼できる相手を割り出そう。知り合いを「特定分野の専門家」、「自分をよく知る人」、「専門性はないがとても聡明な人」の3つに分類してみよう。

仮想現実《VR》や拡張現実《AR》に関して聞きたいことがあるときは、誰が頼りになるだろう? 仕事仲間との人間関係についての相談は誰に持ちかけるだろうか?

☑ キャリアに関して、眠れないくらい気になる2、3のテーマについて質問を書き出そう(「自分の仕事を気に入っているだろうか?」「どうして上司とうまくいかないのだろう?」「昇進するには何が必要か?」)。

それらのテーマについて、前項で割り出した相手のうち、手始めにその道の専門家にアドバイスを求めよう。その後、あなたをよく知る人、それからさまざまな分野での賢い人たちに尋ねてみよう。

☑ 誰にでも訊けそうな質問をいくつか用意しておこう（「ここ数ヶ月に知ったことで何がいちばんおもしろかった？」「あなたの業界で、部外者にはわからないようなトレンドは何？」「最近、何か変えたことはある？」）。
そのリストをいつも覚えておいて、会話の中で持ち出せるようにしておこう。

☑ メーリングリスト、ブログ、ツイッター、リンクトイン、フェイスブックなどで毎週1つずつ記事を紹介しよう。知り合いに興味深い情報を提供すると、相手からも貴重な情報をもらえる可能性が高くなると頭に入れておこう。

来月すること——

☑ これから数週間の間にランチミーティングの予定を3つ入れよう。同じ業界で自分より数段仕事のできる人、しばらく会っていない旧友、周辺業界で素晴らしいキャリアを歩む憧れの人とそれぞれ1回ずつだ。

いまのところは仕事上で差し迫った課題や質問を抱えていなくても実行しておこう。急を要さない一般的な話題について聞くとよい。熱心な意見交換からは時として、思いがけず素晴らしい知恵や情報がもたらされる。

☑ 何かのテーマについて、他の人々にとって頼れる人間になろう。ブログやソーシャルメディアへの投稿、メール、ディスカッション・グループなどをとおして、つながりの中の人々に自分の興味対象や得意なスキルを知ってもらおう。自分の情報に頼ってもらうこともできるし、こちらも相手から情報や知恵をもらうことができるかもしれない。

おわりに

私たちは生まれながらの起業家である。

しかし、だからといって起業家のような人生《キャリア》を約束されたわけではない。本能や直感は育てなくてはならない。潜在力は開花させなくてはいけない。

どんな仕事をするにせよ、人生《キャリア》の方向性を自分で決め、スタートアップの発想を活かすことはできる。問題は意欲があるかどうかである。

この先の見えないいまの世の中では、「意欲がある」という答えは必要条件だ。私たちは、変化と競争の激しい、複雑に絡み合った経済環境の下で暮らしている。不確実性が絶えず、ブラック・スワンにも見舞われるなか、これまでの人生《キャリア》戦略は役に立たない。

キャリアのエスカレーターはいつも混み合っている。雇用主と働き手の約束は白紙になりつつある。前進するためのルールは常に変わり続けている。

「スタートアップ的人生戦略《キャリア》」は、あなただけではなくあなたの周りの人の「人生《キャリア》」という意味を併せ持つことを覚えておいてほしい。この本では、新しい現実に適応するための個人向けの戦略をいくつも紹介してきたが、他人とのつながりを大切にするとその効果が倍増するのだ。グローバルに活躍するプロフェッショナルは、頼りになるつながりを築き、それを仕事に活かしている。これまで述べてきたように、仲間は、競争上の強みを伸ばすだけでなく、ABZプランニングを実践する、戦略的なセレンディピティを培う、賢くリスクをとる、情報網を活かすなど、さまざまな面で手を差し伸べてくれる。

自分の仕事をコントロールすることは絶対に必要だが、知人や友人の仕事に力を貸すことも欠かせない。つながりの中で助け合うのである。

いまやスタートアップの中心地の米国内だけでなく、世界中で起業が加速している。毎年何百万もの人々が、ネット上で自分の小さなビジネスを立ち上げている。デジタル・テクノロジーやリモートワークの拡大、ハイパーコネクテッドなグローバル市場のおかげで、かつてないほど誰かのために役に立つ何かを創造するチャンスが多くなった。

このことは確実に輝かしく、またやりがいのあるキャリアパスにつながる。だが、それははたしてあなたのキャリアパスにふさわしいだろうか？

起業家になるように生まれついている人、もしくはそうした立場にふさわしい力を比較的容易に身につける人もいる。

自分自身の事業を実現していくには、さまざまな状況で、多種多様な役割や責任を果たす必要がある。顧客サポートから最高財務責任者まで、販売員から人事部長まで、リサーチ担当者からデジタル・マーケット担当者まで。

起業家として生きる精神的チャレンジはこれだけではない。欲しい情報がすべて手に入るわけではないとき、ストレスにさらされながらも、限られた時間内で、一か八かの決断を下すことに慣れなくてはいけない。

そうすると、不確実性や失敗があなたの生活を大きく占めるようになる。人生において、リスクを取らずして報われることはない。起業家なら誰も失敗からは逃れられないし、心が折れることもあるだろう。それでも、気持ちを立て直して前に進んでいくのだ。

わくわくしてきただろうか？　してきたなら、素晴らしいことだ。自分のものにしよう。わくわくなんてしてこなかったとしても、それもまたよし。他のものを手に入れればいい。

みながみな、起業家や創業者になる必要はない。いやむしろ、なるべきなのはほんの少数だ。ほとんどの人にとって、会社を興すのは正しい選択ではない。だがしかし、もうおわかりのように、われわれが、あなたがキャリアの実現に近づくときは起業家「的」でなくてはならないと強く思っている。

さもなくば、あなたは自分の潜在的能力を発揮することなく、取り残されてしまうだろう。あなただけの、誰にも負けない強みを見つけて磨き、周囲の人々にその価値を証明するべきだ。この本を読んだからといって勝手に価値が生まれるわけではない。まずは、あなたが「スタートアップ的に生きてみよう」と決断する必要がある。

起業家的とはどういう意味か。この本も終わりに近づいたいま、あなたにはもうわかっているだろう。

これまで述べてきたことを基盤にして、「自分のキャリアはこうありたい」という意識を持つことだ。

それは、自分に次のような質問を投げかけることから始まる。

「自分が投資しているスキルは市場環境ときちんとリンクしているだろうか？」

「自分のプランAとプランBはなんだろう？　方向転換を考えるべきだろうか？」

「自分の盟友とは誰で、お互いどう助け合えるだろう？　どのようにつながりを広げ、フォロワーを増やすべきだろう？」

「思いがけないチャンスを招くために、自分は何をしているだろう？」

「賢く、そして体系的にリスクに立ち向かっているだろうか？」

「ベストな判断をするために他人とのつながりを活用しているだろうか？」


起業についての本、講演、記事では、商売の大切な法則を明かすのは素晴らしいことだとされている。だが皮肉にも、卓越した起業家は既存のルールを書き換えてしまい、「専門家」の言葉すべてに耳を傾けるわけでもない。彼らはむしろ、自分の流儀や経験則を見つけ出す。なんといっても、市場で異彩を放つためには、右へならえを避けるほうがよい。

キャリア本もやはり、「専門家」のルール満載のものが多い。

この本で紹介してきた手法を実践すれば、あなたは有利になるはずだ。ただし、これらの手法は、自然の法則のようなものではなく指針としてとらえよう。何かをうまく行うためには、時としてルールを破ることになる。競争相手の先を行くために、新しいルールを編み出す場合もあるだろう。

この本をとおしてみなさんに伝えたい大切なメッセージの1つは、あなたも、周りの人々も、世の中も変化しているから、状況に応じて手法や戦略を進化させ続けなくてはいけないということだ。

それこそが本書の改訂の理由である。過去10年の社会の変化と、それがどのように仕事の世界の常識をひっくり返してきたのかを、反映するように試みた。

だから、つながりづくりに乗り出そう。スキルの向上に取りかかろう。賢くリスクをとり始めよう。飛躍へのチャンスを追求し始めよう。何より、他の人と違うあなたならではのキャリアプランを立て始めよう。

この本で紹介したルールを、状況に適応した生き方にふさわしく応用するのだ。

新しい挑戦を絶えず重ねていくのが、「永遠のベータ版」としての人生《キャリア》を歩む秘訣である。

毎日が「初日」なのだ。

今日は何が起こるだろう。それを決めるのはあなただ。

リード・ホフマン、ベン・カスノーカ

私たちとつながろう

本書の公式サイト（startupofyou.com）には、自分に投資をして人脈を豊かにし、人生《キャリア》を変えるのに役立つ情報や、高度な手法を載せてある。

このサイトをとおして、「永遠のベータ版」として生きるプロフェッショナルたちと知り合うこともできるはずだ。彼らは、アイディアを行動に活かし、知識を実践につなげる助けをしてくれるだろう。

本書の公式ツイッター・アカウントは@StartupofYouで、私たちのアカウントはそれぞれ@reidhoffmanと@bencasnochaである。ＡＢＺプランニング、人脈、競争上の強みなど、本に出てきたアイディアについてつぶやくときは、ぜひタグ付けしてほしい。ツイッターやリンクトイン上の素晴らしい質問、意見、アイディアは推薦したり、返信したりするつもりだ。

それでは、ネット上で会いましょう！

謝辞

本を書くには人のつながりが欠かせない。本書の編集に鮮やかな手腕を発揮し、過去10年ものあいだこのプロジェクトを熱心に支持してくれたタリア・クローンに、心から感謝したい。アーロン・シャルマンは、この新版の編集において素晴らしいアシスタントとなってくれた。ブレット・ボルコウィは（ロレイン・シューのサポートのもと）リサーチと内容の充実を助け、新旧両方のバージョンにおいて全体をまとめるという重要な仕事に貢献してくれた。

この本の執筆をとおして、幸いにも親しい知り合いの何人かと一緒に楽しく仕事をする機会が得られた。だが残念ながら、物理的な制約があったため、大切な知り合い全員と仕事をするわけにはいかなかった。だから、私たちとつながるすべての人たちにお礼を述べるべきだと感じている。この本で披露したアイディアは、みんなの助けを得ながら練り上げたものだからだ。なかでも、若い頃に時間という贈り物と知恵を授け、私の人生を変えてくれた3人の恩師にとりわけ深い感謝を捧げたい。パトニー・スクールのリサ・コックス、トム・ウェッセルス両先生には、社会に役立つ知識を培えるよう道すじを示してもらった。スタンフォード大学のジョナサン・ライダーにはその道を広げてもらった。

リード・ホフマン

本書の執筆を支援してくれた多くの人々に感謝したい。とりわけ、ジェシー・ヤング、スティーブン・ドッドソン、クリス・イエ、カル・ニューポートの厚意に深い謝意を。両親にはこれまで受けた恩義すべてに心からの「ありがとう」を。

ベン・カスノーカ

Disorder Constantly Surprises Us and What We Can Do About It(New York: Back Bay Books, 2010), 181. [『不連続変化の時代：想定外危機への適応戦略』、田村義延訳、講談社インターナショナル、2009年]

9. Aaron B. Wildavsky, *Searching for Safety* (Piscataway, N.J.: Transaction Publishers, 2004), 98.

第6章

1. Bill Gates, *Business @ the Speed of Thought: Using a Digital Nervous System* (New York: Warner Books, 1999), 3. [『思考スピードの経営：デジタル経営教本』、大原進訳、日本経済新聞社、1999年]
2. Ken Auletta, "A Woman's Place: Can Sheryl Sandberg Upend Silicon Valley's Male-Dominated Culture?" *New Yorker,* July 11, 2011, http://www.newyorker.com/reporting/2011/07/11/110711fa_fact_auletta?currentPage=all.
3. "Report: Hawaii Tsunami Damage at $30.6M," *Pacific Business News,* March 24, 2011, http://www.bizjournals.com/pacific/news/2011/03/24/report-hawaii-tsunami-damage-at-306m.html.
4. Nathan Bennett and Stephen Miles, *Your Career Game: How Game Theory Can Help You Achieve Your Professional Goals* (Stanford, Calif.: Stanford University Press, 2010), 16.
5. Graham Duncan, *What's going on here, with this human?,* https://grahamduncan.blog/whats-going-on-here/.
6. Anne Lamott, *Bird by Bird: Some Instructions on Writing and Life* (New York: Anchor, 1995), 17. [『ひとつずつ、ひとつずつ：「書く」ことで人は癒される』、森尚子訳、パンローリング、2013年]

9. AnnaLee Saxenian, *Regional Advantage: Culture and Competition in Silicon Valley and Route 128* (Cambridge, Mass.: Harvard University Press, 1994), 34. [『現代の二都物語：なぜシリコンバレーは復活し、ボストン・ルート128は沈んだか』、山形浩生・柏木亮二訳、日経BP社、2009年]
10. Nicholas Carlson, "Jeff Bezos: Here's Why He Won," *Business Insider,* May 16, 2011, http://www.businessinsider.com/jeff-bezos-visionary-2011-4#ixzz1NsYA4QfS.

第5章

1. Michael V. Copeland, "Reed Hastings: Leader of the pack," *Fortune,* November 18, 2010, https://fortune.com/2010/11/18/reed-hastings-leader-of-the-pack/.
2. Reannon Muth, "Are Risk-Takers a Dying Breed?" *Matador,* June 13, 2010, http://matadornetwork.com/bnt/are-risk-takers-a-dying-breed/.
3. Rick Hanson, "Confronting the Negativity Bias," October 26, 2010, https://www.rickhanson.net/how-your-brain-makes-you-easily-intimidated/.
4. Jonathan Haidt, *The Happiness Hypothesis: Finding Modern Truth in Ancient Wisdom* (New York: Basic Books, 2006), 29. [『しあわせ仮説：古代の知恵と現代科学の知恵』、藤澤隆史・藤澤玲子訳、新曜社、2011年]
5. Anthony Iaquinto and Stephen Spinelli, Jr., *Never Bet the Farm: How Entrepreneurs Take Risks, Make Decisions—and How You Can, Too* (San Francisco: Jossey-Bass, 2006), 78.
6. Stephen H. Shore and Raven Saks, "Risk and Career Choice," *Advances in Economic Analysis and Policy* 5, no. 1 (2005), http://www.bepress.com/bejeap/advances/vol5/iss1/art7.
7. Nassim Taleb, *The Black Swan: The Impact of the Highly Improbable* (New York: Random House, 2010), 204. [『ブラック・スワン：不確実性とリスクの本質』(上・下)、望月衛訳、ダイヤモンド社、2009年]
8. Joshua Cooper Ramo, *The Age of the Unthinkable: Why the New World*

13. Robin Dunbar's book *How Many Friends Does One Person Need?* (Cambridge, Mass.: Harvard University Press, 2010) [『友達の数は何人？：ダンバー数とつながりの進化心理学』、藤井留美訳、インターシフト、2011年], the Wikipedia entry for Dunbar's Number, http://en.wikipedia.org/wiki/Dunbar's_number., Christopher Allen's nuanced parsing of the concept, "The Dunbar Number as a Limit to Group Sizes," *Life with Alacrity* (blog), March 10, 2004, http://www.lifewithalacrity.com/2004/03/the_dunbar_numb.html.
14. "Exactly What to Say in a First Message," OkCupid, September 14, 2009, http://blog.okcupid.com/index.php/online-dating-advice-exactly-what-to-say-in-a-first-message/.
15. Christakis and Fowler, *Connected, 169.*

第4章

1. James H. Austin, *Chase, Chance, and Creativity: The Lucky Art of Novelty* (Cambridge, Mass.: Harvard University Press, 2003), 69. [『ある神経学者の歩いた道：追求・チャンスと創造性』、横井晋訳、金剛出版、1989年]
2. Herbert Lui, "How To Create Your Own Luck," *Lifehacker*, March 27, 2015, https://lifehacker.com/how-to-create-your-own-luck-1693949106.
3. Kimberly Potts, *George Clooney: The Last Great Movie Star* (New York: Applause Theatre & Cinema Books, 2007), 50.
4. Steven Johnson, *The Invention of Air: A Story of Science, Faith, Revolution and the Birth of America*(New York: Riverhead Books, 2008), 53.
5. Johnson, *The Invention of Air*, 53.
6. Pamela Walker Laird, *Pull: Networking and Success since Benjamin Franklin* (Cambridge, Mass.: Harvard University Press, 2007), 88.
7. Paul Freiberger, "History of Microcomputing, Part 1: Homebrew Club," *InfoWorld*, February 22, 1982.
8. Tim O'Reilly, "Gov 2.0: It's All About The Platform," TechCrunch, September 4, 2009, https://techcrunch.com/2009/09/04/gov-20-its-all-about-the-platform/.

Programming and Human Factors (blog), February 19, 2009, http://www.codinghorror.com/blog/2009/02/the-bad-apple-group-poison.html.
5. David Foster Wallace, *This Is Water: Some Thoughts, Delivered on a Significant Occasion, About Living a Compassionate Life* (New York: Little, Brown, 2009), 39–40. [『これは水です：思いやりのある生きかたについて大切な機会に少し考えてみたこと』、阿部重夫訳、田畑書店、2018年]
6. Neil Rackham and John Carlisle, "The Effective Negotiator, Part I: The Behaviour of Successful Negotiators," *Journal of European Industrial Training*2, no. 6 (1978), 6–11, doi:10.1108/eb002297.
7. David Brooks, *The Social Animal* (New York: Random House, 2011), 155. [『人生の科学：「無意識」があなたの一生を決める』、夏目大訳、早川書房、2012年]
8. Michael Eisner and Aaron R. Cohen, *Working Together: Why Great Partnerships Succeed* (New York: Harper Business, 2010), 110–11.
9. 「弱い紐帯」をどのように定義しているか？　マーク・グラノヴェッターは、関係の強さの代用として連絡の頻度を使用しているが、これは尺度としては不完全だ。秘書やドアマンに毎日会っていても、それで彼らが「強いつながり」になるわけではない。グラノヴェッターは、関係の強さを測定することは、「時間の長さ、感情の強さ、親密さ（相互信頼）、および絆を特徴付ける相互サービスの組み合わせ」であると認めている。その後の調査では、より総合的な基準で結びつきの強さを測定しながらも、グラノヴェッターの当初の結論が確認された。Granovetter's "The Strength of Weak Ties: A Network Theory Revisited," *Sociological Theory* 1 (1983), 201–33.
10. Mark S. Granovetter, "The Strength of Weak Ties," *American Journal of Sociology* 78, no. 6 (1973), 1371.
11. Herminia Ibarra, *Working Identity* (Cambridge, Mass.: Harvard Business School Press, 1994), 113. [『ハーバード流キャリア・チェンジ術』、宮田貴子訳、翔泳社、2003年]
12. Jeffrey Travers and Stanley Milgram, "An Experimental Study in the Small World Problem," *Sociometry* 35, no. 4 (1969), 425–43, doi:10.1109/TIT.2010.2054490.

10. http://www.mhhe.com/business/management/thompson/11e/case/starbucks.html.
11. https://web.archive.org/web/20111008073429/http://www.jetblue.com/about/ourcompany/flightlog/index.html.

第2章

1. David Lumb, "This Story about Slack's Founder Says Everything You Need to Know about Him," *Fast Company,* February 12, 2014.
2. Kevin Conley, "Sheryl Sandberg: What She Saw at the Revolution," *Vogue,* May 2010, http://www.vogue.com/magazine/article/sheryl-sandberg-what-she-saw-at-the-revolution/.
3. Ken Auletta, "A Woman's Place: Can Sheryl Sandberg Upend Silicon Valley's Male-Dominated Culture?" *New Yorker,* July 11, 2011, http://www.newyorker.com/reporting/2011/07/11/110711fa_fact_auletta?currentPage=all.
4. Jason Del Rey, "The Art of the Pivot," *Inc.,* February 1, 2011, http://www.inc.com/magazine/20110201/the-art-of-the-pivot.html.
5. Andrew S. Grove, *Only the Paranoid Survive: How to Exploit the Crisis Points That Challenge Every Company* (New York: Crown Business, 1999), 189.

第3章

1. Adrian Wooldridge, "The Silence of Mammon: Business People Should Stand Up for Themselves," *The Economist,* December 17, 2009, http://www.economist.com/node/15125372?story_id=15125372.
2. Nicholas Christakis and James Fowler, *Connected: The Surprising Power of Our Social Networks and How They Shape Our Lives* (New York: Little, Brown, 2009), 22. [『つながり：社会的ネットワークの驚くべき力』、鬼澤忍訳、講談社、2010年]
3. Pamela Walker Laird, *Pull: Networking and Success since Benjamin Franklin* (Cambridge, Mass.: Harvard University Press, 2007), 11.
4. Jeff Atwood, "The Bad Apple: Group Poison," *Coding Horror:*

10. Jeffrey Bezos, letter to shareholders, April 2010, http://phx. corporate-ir.net/External.File?item=UGFyZW50SUQ9M zc2NjQ0fENoaWxkSUQ9Mzc1Mjc5fFR5cGU9MQ==&t=1.
11. Jeffrey Pfeffer, *Power: Why Some People Have It—And Others Don't* (New York: Harper Business, 2010), 49. [『「権力」を握る人の法則』、村井章子訳、日本経済新聞出版社、2014年]

第1章

1. Richard N. Bolles, *What Color Is Your Parachute?* (New York: Ten Speed Press, 2011), 28.
2. John Hage l III, John Seely Brown, and Lang Davison, *The Power of Pull: How Small Moves, Smartly Made, Can Set Big Things in Motion* (New York: Basic Books, 2010), 12.
3. The phrase "overcome by sameness" is inspired by Youngme Moon's analysis of differentiation in her book *Different* (New York: Crown, 2010), Kindle edition, location 156. [『ビジネスで一番、大切なこと：消費者のこころを学ぶ授業』、北川知子訳、ダイヤモンド社、2010年]
4. Cal Newport, *So Good They Can't Ignore You* (New York: Grand Central Publishing, 2012), 88. [『今いる場所で突き抜けろ!：強みに気づいて自由に働く4つのルール』、廣津留真理訳、ダイヤモンド社、2017年]
5. See video of Chris Sacca and Kevin Rose discussing this point: http://vimeo.com/26021720.
6. Jeff Haden, "20 Years Ago, Jeff Bezos Said This 1 Thing Separates People Who Achieve Lasting Success from Those Who Don't," *Inc.*, November 6, 2017.
7. Sahil Bloom (@SahilBloom), "To outperform, you need serious competitive advantages," Twitter, March 20, 2021, 10:26 a.m., https://twitter.com/SahilBloom/status/1373279793353879556.
8. Newport, *So Good They Can't Ignore You,* 145.
9. "Mercenaries vs. Missionaries: John Doerr Sees Two Kinds of Internet Entrepreneurs," Knowledge @ Wharton, April 13, 2000, https://knowledge.wharton.upenn.edu/article/mercenaries-vs-missionaries-john-doerr-sees-two-kinds-of-internet-entrepreneurs/.

原注

はじめに

1. Muhammad Yunus, "All Quotes," January 2, 2017, https:// www.muhammadyunus.org/index.php/quotes/160?keyword=.
2. Ronald Brownstein, "Children of the Great Recession," *The Atlantic*, May 5, 2010, http://www.theatlantic.com/special-report/the-next-economy/archive/2010/05/children-of-the-great-recession/56248/.
3. Brownstein, "Children of the Great Recession."
4. すべてのセーフティネットの母体である社会保障は、連邦政府の資金によって支えられるはずなのだが、その政府は気の遠くなるような債務を抱えている。いまの20代、30代が引退するころには、受給額は少なくとも25%少なくなるといわれている（より厳しい見方をするアナリストのあいだでは、いまの若者世代はもはやいっさい受給できないともいわれる）。これは薬物依存症のまたいとこにお金を貸すようなものだ——つまり、貸したお金が戻ってくる可能性もあるが、それを当てにはできない。
5. Andy Kessler, "Is Your Job an Endangered Species?" *Wall Street Journal*, February 17, 2011, http://online.wsj.com/article/SB10001424052748703439504576116340050218236.html.
6. Will Wilkinson's discussion, "Are ATMs Stealing Jobs?" *The Economist*, June 15, 2011, http://www.economist.com/blogs/democracyinamerica/2011/06/technology-and-unemployment.
7. "Cost-Cutting Strategies in the Downturn: A Delicate Balancing Act," May 2009, http://www.towerswatson.com/assets/pdf/610/CostCutting-RB_12-29-09.pdf.
8. Alex Taylor III, *Sixty to Zero* (New Haven, Conn.: Yale University Press, 2011), 14.
9. John Hagel, John Seely Brown, Tamara Samoylova, Matt Frost, "2013 Shift Index metrics: The burdens of the past," November 11, 2013, Deloitte Center for the Edge, https://www2.deloitte.com/content/dam/insights/us/articles/the-burdens-of-the-past/DUP595_Metrics_vFINAL2.pdf, 25.

リード・ホフマン(Reid Hoffman)
起業家・経営者。ベンチャー投資会社Greylock Partnersのパートナー。スタンフォード大学を卒業後、PayPalでエグゼクティブ・バイスプレジデントを務めたのち、2003年にビジネス特化型ソーシャルメディアLinkedInを共同創業。同社を全世界で8億人超の利用者を擁する巨大企業に育て上げる。エンジェル投資家・アドバイザーとしてFacebook(現・メタ)、Airbnb、Zyngaなど、数々のスタートアップの成功に貢献。世界中の起業家から敬愛される、シリコンバレー最重要人物の1人である。ポッドキャスト番組MASTERS of SCALEの司会者でもある。

ベン・カスノーカ(Ben Casnocha)
数々の受賞歴を持つ起業家にして作家。ニューズウィーク誌に寄稿するほか、CNN、CBS、CNBCなどのテレビ番組にも出演。ビジネスウィーク誌から「アメリカ最高の若手起業家」の1人に選ばれた。

本書は『スタートアップ! シリコンバレー流成功する自己実現の秘訣』(日経BP、2012年刊)を底本とし、2022年における原書の大幅アップデートを反映したうえで改題した改訂新版です。

装幀・本文デザイン	小口翔平+後藤司(tobufune)
DTP	朝日メディアインターナショナル
校正	鷗来堂
営業	岡元小夜・鈴木ちほ・多田友希
進行管理	岡元小夜・中野薫・小森谷聖子
編集	的場優季・井上慎平

スタートアップ的人生《キャリア》戦略

2022年12月28日　第1刷発行

著者　　リード・ホフマン&ベン・カスノーカ
発行者　　金泉俊輔
発行所　　株式会社ニューズピックス
〒100-0005 東京都 千代田区
丸の内2-5-2 三菱ビル
電話　03-4356-8988
FAX　03-6362-0600
※電話でのご注文はお受けしておりません。
下記のサイトよりお願いいたします。
https://publishing.newspicks.com/
印刷・製本　　シナノ書籍印刷株式会社

落丁・乱丁の場合は送料当方負担でお取り替えいたします。
小社営業部宛にお送り下さい。

Printed in Japan
ISBN 978-4-910063-26-3
本書に関するお問い合わせは下記までお願いいたします。
np.publishing@newspicks.com

希望を灯そう。

NEWS PICKS PUBLISHING

「失われた30年」に、
失われたのは希望でした。

今の暮らしは、悪くない。
ただもう、未来に期待はできない。
そんなうっすらとした無力感が、私たちを覆っています。

なぜか。
前の時代に生まれたシステムや価値観を、今も捨てられずに握りしめているからです。

こんな時代に立ち上がる出版社として、私たちがすべきこと。
それは「既存のシステムの中で勝ち抜くノウハウ」を発信することではありません。
錆《さ》びついたシステムは手放して、新たなシステムを試行する。
限られた椅子を奪い合うのではなく、新たな椅子を作り出す。
そんな姿勢で現実に立ち向かう人たちの言葉を私たちは「希望」と呼び、
その発信源となることをここに宣言します。

もっともらしい分析も、他人事のような評論も、もう聞き飽きました。
この困難な時代に、したたかに希望を実現していくことこそ、最高の娯楽《エンタメ》です。
私たちはそう考える著者や読者のハブとなり、時代にうねりを生み出していきます。

希望の灯を掲げましょう。
1冊の本がその種火となったなら、これほど嬉しいことはありません。

令和元年
NewsPicksパブリッシング 編集長
井上 慎平